U0598083

民办高校
治理结构研究

INBAN
GAOXIAO
ZHILI
JIEGOU
YANJIU

M

杨 军/著

中国财经出版传媒集团

经济科学出版社
Economic Science Press

图书在版编目（CIP）数据

民办高校治理结构研究/杨军著．—北京：经济科学
出版社，2017.8
ISBN 978 - 7 - 5141 - 8305 - 4

Ⅰ.①民… Ⅱ.①杨… Ⅲ.①民办高校 - 学校管理 -
研究 - 中国 Ⅳ.①G648.7

中国版本图书馆 CIP 数据核字（2017）第 189362 号

责任编辑：孙怡虹　何　宁
责任校对：王苗苗
版式设计：齐　杰
责任印制：王世伟

民办高校治理结构研究

杨　军　著

经济科学出版社出版、发行　新华书店经销
社址：北京市海淀区阜成路甲 28 号　邮编：100142
总编部电话：010 - 88191217　发行部电话：010 - 88191522
网址：www. esp. com. cn
电子邮件：esp@ esp. com. cn
天猫网店：经济科学出版社旗舰店
网址：http://jjkxcbs. tmall. com
北京季蜂印刷有限公司印装
710 × 1000　16 开　12.25 印张　180000 字
2017 年 8 月第 1 版　2017 年 8 月第 1 次印刷
ISBN 978 - 7 - 5141 - 8305 - 4　定价：36.00 元
（图书出现印装问题，本社负责调换。电话：010 - 88191510）
（版权所有　侵权必究　举报电话：010 - 88191586
电子邮箱：dbts@ esp. com. cn）

摘　　要

民办高校的教育产品既可以满足受教育者的需求，又能够满足社会的需要，因此是一种共同存在于私人产品与公共产品的"准公共产品"。民办高校与企业都是在一定的产权制度下进行经济活动的组织；民办高校与企业都是基本的经济单元，企业向社会提供物质类的产品与服务，而民办高校则向社会提供教育和精神类的产品与服务；民办高校与企业都具有某种内部治理结构。民办高校与企业的差异性主要体现在利益的特定性。企业的利益主要体现在经济指标上，而民办高校的利益特定性主要体现在对资源进行有效配置的基础上，提供更多的社会教育公共产品。因此，本书以制度经济学为研究视角，旨在对当前民办高校内部和外部治理结构中存在的问题进行探析，通过治理结构的完善，进一步提高民办高校的资源配置效率，更有效地提高和发挥民办高校的经济学"效用"。不但解决好怎样提高民办高校经营管理效能的问题，更要从制度经济学的角度解决好学校经营管理"是什么"和"为什么"的问题，进一步丰富民办高校治理的学术理论研究成果，为我国的未来民办教育发展及高等教育改革提供理论支撑。从制度经济学的角度看，民办高校作为一种"经济组织"，制度的先进性将使其能够提高其全要素产出率，提高民办高校的产品附加值。

本书主要运用比较研究、历史研究、案例分析法等方法，研究目标在于运用新制度经济学的分析框架，进一步验证民办高校的经济人、产品和生产方式、制度变迁、产权、契约、委托—代理等假说,从而更有效地对我国民办高校的制度性缺陷进行揭示,推进我国民办高等教育改革。从外部治理与内部治理两个层面,对民办高校治理结构进行研究,旨在进一步明晰民办高校产权与经营权,强化民办高校的自主办学权,对不同治理主体的责权进行明确,为民办高校治理制度的构建提供有力的实践指导。

第一,本书对国内外制度经济学、教育的市场化和经济行为、高校治理结构、高校经济学属性、我国民办高校治理等文献进行了综述,在对新制度经济学、社会资本、交易费用、法人治理结构、不完全契约等核心理论进行回顾总结的基础上,提出了民办高校治理结构研究假说与核心问题。第二,阐述了民办高校的发展历程及治理特点,分析了民办高校治理结构面临的问题。第三,阐述了民办高校治理结构的制度环境的现状,分析了制度经济学视角下民办高校治理结构存在的问题。第四,对英国、美国、日本、德国的私立大学的治理结构进行了分析,找出了国外大学治理结构的经验及启示。第五,从内部结构治理、外部结构治理两个方面提出了中国特色民办高校治理结构的完善对策,分析了完善民办高校治理结构预期经济效益。

目　录

第1章 绪 论

1.1 研究背景

1.1.1 高等教育的准产业性质

产业是一种共同利益、互相联系、不同分工的相关行业构成的业态总称，是在国民经济中隶属于同一性质的生产部门和其他社会团体的总和。在现有的基础性理论研究工作的组织实践背景之下，"产业"通常被视作一种具备广泛性实践应用特征，且内涵较为复杂的学理概念，而从归纳分析的角度展开阐释，针对"产业"概念基本学理内涵的界定分析，大致可以被划分为如下所述的几种基本表现形式：（1）产业是为我国现代国民经济发展事业，或者是经济社会建设事业构筑和提供产品要素和劳务服务要素的各行各业，且具体涉及了产品要素生产领域、产品要素流通领域、劳务服务活动提供领域、甚至是教育或者是文化事业领域等；（2）产业是借由制造生产，以及流通销售相同种类产品，或者是劳务服务项目的独立企业组织共同构成的；（3）产业是同种类别社会化经济实践活动的简单性数量加总；（4）产业是具备相同的经济业务活动属性的独立企业组织的共同性集合，也是在针对现代国民经济形态实施基于某种特定标准背景下的划分处理过程中获取的重要组成部分；（5）产业是具备同种经济属性特征的企业经济业务实践活动的共同集合；（6）产业泛指一切具备营利性经济属性的经济形态。从上述理论表述角度展开分析，国内外学者在针对"产业"的基本内涵展开研究分析过程中，本身展现出了较为显著的丰富性和多样性，客观上引致基础研究人员，只有在结合具体研究需求优化选取和遵循恰当合理的关于"产业"概念的学理认识前提下，才能确保实际组织开展的相关研究工作，能够稳定获取到科学有效的理论背景支持条件。

高等教育学校作为一种以提供"教育产品"为主要内容的部门，通过对作为"初级产品"或"半成品"的入校学生进行"加工"和"教育"，通过学生知识的学习、能力的培养，使学生这一初级产品拥有更高的附加值，成为"高级产品"，为教育者和全社会提供了经济效益以及非经济的预期收益。在高校发展过程中，政府通过对高校进行财政投入来促进高校规模的扩大和教育教学质量的提升。这种高校对教育产品的提供以及从政府和社会获得的"成本支付"是典型的产业演进，表明了高等教育的准产业性质。高等教育事业之所以具备较为鲜明的"准产业"经济属性，在于高等教育事业在具体化的组织开展过程中，本身需要中央人民政府，以及地方各级人民政府直属财政职能部门，以及教育职能部门提供的财政资金要素支持条件和教育发展资源要素支持条件；与此同时，高等教育事业领域最终培养形成和对外输出的各类型专门性高素质人才，本身又能够为我国正在具体化组织开展运作的国民经济发展，以及各项社会事业建设实践过程，创造和提供扎实且有效的知识性、信息性，以及技术性支持条件。高等教育事业在具体化的历史发展实践过程中，同时具备经济营利属性和社会服务属性，是我国经济社会建设发展事业历史推进过程中不可或缺的事业实践领域。

　　纵观我国高等教育的发展，在改革开放初级，我国的国民经济各个组织部门根据马克思政治经济学划分为"物质生产部门和非物质生产部门"，由于高等教育没有直接的物质产出，因此被划分为"非物质生产部门"。随着我国市场经济发展的不断成熟，对产业及经济组织部门的划分也发生了变化，国务院 1992 年颁布的《关于加快发展第三产业的决定》将教育划分为"第三产业"，并将这种划分一直延续至今，成为对教育产业性质的划分最为权威的划分。作为具有第三产业属性的高等教育，在发展过程中必须遵循市场规律，并受到产品供给、需求等因素的影响。高校要根据生源的规模来确定自己的招生计划，并根据社会就业市场的需求，来进行学科专业的设置、人才培养模式的选择等。并通过有效的投入与产出核算，来计算经济收益，保持高校的可持续经营与发展。

　　高等院校在严格遵循和关注社会劳动力就业市场环境中的专业化职业技能人才的招收接纳需求的实践背景之下，具体设定和实施高等院校内部性人才培养工作的组织开展方案，能够有效且充分地保障和支持我国高等院校实际培养形成和对外输出提供的专业性毕业生群体，在竞争态势日趋激烈的真实社会就业市场环境中，顺利获取到与自身在校期间所学的专业理论知识，以及专业实践应用技能直接对应或者是有所关联的工作岗位，继而最大限度发挥我国高等院校学生专业化教学培养工作的最优化预期效能。从另一个角度展开分析论述，高等院校借由择取和运用适当类型的干预控制措施，切实改善提升实际组织开展的专业化学生培养工作过程中的针对性和有效性水平，能够显著且充分地保障和提升我国高等院校内部现有财政资金要素和教育资源要素的整体性使用效率，在不断提升我国高等教育事业综合发展水平背景之下，充分规避教育资源浪费事件的发生。

教育部 2012 年制定并且权威发布的《关于全面提高高等教育质量的若干意见》中指出："推动高校建立科学、有效的预算管理机制，统筹财力，发挥资金的杠杆和导向作用。控制和降低行政运行成本，提高资金使用效益。"① 可见，重视高等教育的产业化发展，提高经营能力，已成为国家对高等教育改革的要求。对于高等学校来说，需要树立起经营意识和准产业意识，做好学校的经营，提高学校的投入与产出经济效益。但是与此同时，高等学校又不等同于企业的完全的盈利性，不能完全走产业化道路，不能单独的追求经济效益的最大化，而必须兼顾社会效益，以人才培养和输出作为重要的目标。如果一味地追求利润最大化，强调高等教育的产业性，则会与高质量的人才培养的社会功能背道而驰。

高等院校在具体组织开展高等教育事业产业化发展实践工作过程中，应当注意处理好高等教育事业的社会服务属性，与高等院校经济利益实际获取状态和获取规模之间的相互平衡关系。要在具体组织开展的高等教育事业产业化发展历史实践过程中，优先保障和充分彰显高等教育事业的基础性社会服务职能，致力于通过高等教育事业的具体化组织开展，积极培养和输出具备较高水平专业理论知识和专业实践应用技能的人才队伍，保障和支持我国经济社会建设发展事业能够顺利获取到最佳预期效果。在已经实现上述基础性控制目标背景之下，我国现有的各级高等院校，应当在其具体化组织开展的日常化教学，以及科学研究工作实践过程中，借由择取和运用适当类型的干预控制措施，最大限度改善提升高等院校内部现有教学科研资源要素，以及经济资金要素的整体使用效率，在最大限度降低我国高等院校在日常教学科研活动组织开展过程中的经济资金要素投入规模背景之下，助力我国高等教育事业顺利获取到最

---

① 教育部：《关于全面提高高等教育质量的若干意见》，2012 年 3 月 16 日。

优化的预期发展效果，以及良好优质的经济收益。

1.1.2 民办高校的准公共产品性质

在现代公共经济学的理论研究框架体系之中，公共产品理论是一项十分重要的学理组成内容，也是构成现代公共财政学理论研究工作基础框架和制度体系的重要前提条件。遵从公共产品理论的基本性理论表述，通常可以按照一切产品要素，或是劳务服务项目要素，在具体发生的社会化消费实践行为过程中，所展现的竞争性和排他性特点，将其具体划分为公共产品（Public Goods）和私人产品（Private Goods）两个基本门类。从这一角度展开分析，如果某种产品要素，或是劳务服务项目要素，在具体发生的社会化消费实践行为过程中，能够展现出鲜明且充分的非竞争性（Non-rivalness）和非排他性（Non-excludability）特点，则通常可以将对应的产品要素，或是劳务服务项目要素，定义界定为基于公共经济学理论研究背景之下的公共产品。

经济学研究人员在针对公共经济学（财政学）中的基础性公共产品理论展开的研究分析过程中，通过对实际面对的产品要素，或是劳务服务项目要素，展开基于来源渠道和经济社会收益获取状态角度的具体化分析阐释，切实逐步发现和揭示了部分产品要素，或是劳务服务项目要素，在具体发生的社会化消费实践行为过程中，所具备的准公共产品经济属性特征，并且借由对"准公共产品"相关理论的全面系统研究分析，为实际组织开展的民办高等院校基础治理结构研究工作，构筑和提供了稳定且扎实充分的理论背景支持条件。

与普通高校一样，民办高校也具有准公共产品的性质。民办高校的产权具有私人属性，民办高校通过学费来进行经济收益，并为学生提供教育产品和服务。与公办高校相比，民办高校的经营权更加灵活，市场化更加深入。但是与此同时，民办高校除了经济属性外，还通过为社会培养合格的人才，来解决社会就业问题，为社会提供更多的教育资源，具有公共产品属性。根据公共产品理论，"效用的统一性和不可分割、消费的非竞争性、收益的非排他性"是公共产品的重要特征。[①] 民办高校在以经济效益为经营目标的同时，也在为社会提供溢出性较高的消费结果，使得民办高校不仅对受教育者提供教育服务，同时受教育者素质的提高也能够产生社会效益，对于提高全民素质具有重要的作用。因此，民办高校的教育产品既可以满足受教育者的需求，又能够满足社会的需要，是一种共同存在于私人产品与公共产品的"准公共产品"。从这里可以知道，所谓"准公共产品"，在实质层面上同时具备现代公共经济学研究视野之下的"公共产品"经济属性和"私人产品"经济属性，是一种介于"公共产品"形态和"私人产品"形态之间的产品要素形态。在对民办高校的准公共产品性质进行分析后，有必要对民办高校与企业的异同进行分析。首先，民办高校与企业都是在一定的产权制度下进行经济活动的组织。民办高等院校和独立企业组织实际具备的产权归属特征和产权关系格局，直接决定且显示了民办高等院校和独立企业组织，在基础性日常业务活动组织开展过程中的投资和收益关系。其次，民办高校与企业都是基本的经济单元，企业向社会提供物质类的产品与服务，而民办高校则向社会提供教育和精神类产品与服务。民办高等院校与独立企业组织，实际发挥的产品要素和劳务服务要素项目供给作用，是民办高等院校与独立企业组织，能够得以长期存在和发展的基础前提条件，也是民办高等院校与独立企业组织，能够稳定且顺利地获取到最优化的经济收益和社会发展收益的重要实践路径。最后，民办高校与企业都具有

---

① 赵艳芹、宁丽新、朱翠兰：《西方公共产品理论述评》，载于《商业经济研究》2008年第 28 期，第 70 页。

某种内部治理结构。民办高校与企业的差异性主要体现在利益的特定性。企业的利益主要体现在经济指标上，而民办高校的利益特定性主要体现在对资源进行有效配置的基础上，提供更多的社会教育公共产品。

上述差异特征的存在，诱导了民办高等院校与独立企业组织在具体开展基础性内部治理结构制定和发展成熟过程中，通常需要选取和追逐彼此差异显著的侧重点。独立企业组织在具体组织开展基础性内部治理结构的建设优化工作过程中，其核心侧重点是在实现对稀缺性经济资源要素的高效充分调度运用背景之下，切实获取到更大数量规模或者是更为可观的经济收益；而民办高等院校在组织开展基础性内部治理结构建设优化工作过程中，重点侧重于在实现对实际占有和控制的数量有限的教育资源要素的高效充分应用背景之下，切实获取到优质可观综合性经济收益和社会收益，提升民办高等院校内部基础性教学科研活动的综合性组织开展质量水平，并且借由我国民办高等院校内部基础性内部治理结构的不断建设和优化，保障和支持现阶段我国民办高等教育事业逐步进入繁荣有序的历史发展阶段。

民办高校的治理结构完善，有利于促进其产权和资本的流转。在完全界定民办高校的产权后，民办高校教育产品和服务的"准公共产品"属性建立在明晰的产权结构基础上。民办高校所有者财产的占有权、使用权、收益权和处置权更加明确，为产权和资本的流转提供了有利的条件。通过外部和内部治理结构的优化，将使得民办高校产权与资本流转相关的法律、法规更加健全，明确举办者的原始投入资产以及民办高校在经营发展过程中的收益分配、财产归属界定；在尊重民办高校"经济人"的前提下，允许民办校作为"准公共产品"获得合理的投资回报；对民办高校私有财产进行充分的保护。

1.1.3 大学制度（治理结构）和大学办学制度

所谓制度，泛指在一定的群体性或是空间性限制范围内，要求所有实际参与社会化生产生活实践行为的独立人类个体都必须遵循的基础性办事规程，或者是基础性行为准则。与此同时，制度也泛指在特定化的社会生产生活实践活动背景之下，指令特定化的人类群体所必须遵循和依照的法律法规，礼仪风俗等规范性或者是指导性因素。制度的建设和完善活动，通常都是具备明确的价值目标，或者是利益获取取向的社会实践活动行为，组织开展基础性制度建设活动的主要目的，在于保障和支持一切正在组织开展的社会生产生活实践工作，均能够稳定且顺利地组织开展，且顺利获取到最优化的预期效果。

在探析民办高校治理结构前，有必要对大学制度和大学办学制度进行研究。根据制度经济学，大学制度是对教育资源的主体、客体权利、义务、责任进行有效配置的制度。大学制度的概念可以从两个层面进行揭示，一个层面是基于产权的财产组织与资源配置制度；另一个层面是基于盈利与效益要求的经营与管理制度。在基于产权的财产组织与资源配置制度层面，需要明确大学在办学过程中的产权归属，处理好行政管理、学术研究、学校经营发展的关系；在经营与管理层面，主要指处理好学校内部教师、学生、财务、行政管理等方面的关系。大学办学制度与大学制度相比，更突出"办学"的特点，主要指在学校的发展规划、决策、招生、人事、财务、教学管理等方面与办学相关的管理制度。

开展大学制度建设与发展工作的主要目的，在于切实明确高等院校办学实践活动组织开展过程中，各方独立参与主体之间的基础性权利义务关系，在全面系统认识和明确高等院校内部现有的各类教育资源要素，以及财产资金要素的产权特征，以及产权关系结构的前提背景条件之下，借由制定和实施科学有效的管理性工作规程，保障和支持高等院校内部目前占有和控制的各类型财产资金要素，以及教育资源要素，能够稳定且充分地获取和保持最优化的使用效能水平，继而保障和支持我国高等教育事业能够长期保持稳定有序的历史发展实践状态。

开展大学办学制度建设与发展工作的主要目的，就是以高等院校内部具体化组织开展的日常教学工作，以及以基础性科学技术研究工作作为管理对象，借由切实制定实施适当表现类型的管理控制制度，不断规范和强化高等院校内部现有工作人员的日常化工作实践行为，保障高等院校在具体组织开展日常教学工作。基础性科学研究工作，以及其他相关工作的实践过程中，能够较为稳定且顺利地获取到最优化的预期效果。

1.1.4　民办高校治理结构背景及现状

当前，我国民办高校作为普通公办高校的重要补充，已成为高等教育的重要组成部分。尤其是改革开放以来，我国民办高校得到了快速的发展，根据《2015 年全国教育事业发展统计公报》，截至 2015 年底，我国拥有民办高校 734 所，比上年增加 6 所；在校学生 610.9 万人，同比增长 4%；招生人数 177.97 万人，同比增长 3%。民办高校的发展丰富了我国高等教育的内涵，扩大了高等教育的规模，为人才培养提供了更多的途径，实现了社会资源向教育资源的有效转化。[①]

积极发展民办高等教育事业，能够充分且有效地丰富和扩展我

---

① 教育部：《2015 年全国教育事业发展统计公报》，2016 年 7 月 6 日。

国现代高等教育事业的发展深度和发展广度，借由民办高等院校具体化组织开展的日常性在校学生群体教学培养工作，以及基础性科学研究实践工作，能够较为稳定且充分地为我国正在组织开展的经济社会建设发展实践工作，切实培养和输出数量充足的高素质专业应用人才，为我国经济社会建设发展事业的高效顺利且有序的历史推进，构筑和提供稳定且充足的支持保障条件。与此同时，积极发展民办高等教育事业，还能够较为充分且有效地调动和激发各类独立性社会经济主体，在具体参与基础性高等教育职业历史发展实践工作过程中的主观积极性和热情，在不断改善和丰厚现阶段我国高等教育事业历史发展过程中的资源要素供给状态丰富度背景之下，为我国现代高等教育事业的良好有序组织发展，创造和提供了扎实充分的实践性历史演化支持条件。

近年来，为了规范民办高校的发展，国家政府教育管理职能工作实践部门相继制定并且出台了《中华人民共和国民办教育促进法》《中华人民共和国民办教育促进法实施条例》《教育部关于鼓励和引导民间资金进入教育领域促进民办教育健康发展的实施意见》等系列法律、法规、政策规范指导文件。尤其是党的十八届三中全会召开后，国家进一步鼓励民间资本进入教育领域，许多省、市都出台了促进地方性民办教育发展的意见，民办高校获得了更大的发展空间。但是长期以来，由于受传统的计划经济体制和思想观念的影响，我国民办高校的治理结构仍然存在着许多体制性和制度性的障碍，主要体现在以下宏观制度环境与微观运行机制两个大方面：

一方面，在宏观制度环境层面。一是有关民办高等教育发展的指导思想尚不明确。当前，从国家层面的教育发展规划来看，尚没有对民办高等教育发展的相关规划，对民办高校的发展方向、目标、内容等方面没有明确的认识，一些地方政府虽然出台了促进民办教育发展的意见，但是仅局限在《意见》层面，尚没有详尽的发展规划与计划。现阶段，我国在民办高等教育事业建设发展领域，基础性指导思想建构，以及认知普及层面存在的局限性，本身诱导我国各类独立性社会实践活动主体，在具体化参与和开展的民办高等院校设立，建设优化，以及日常化学生教学培养工作和基础性科学技术项目研究工作过程中，无法稳定且顺利地获取科学有效的基础指导思想性支持条件，不能为民办高等院校各类基础性日常业务活动的具体组织开展，构筑和提供系统且充分的细节化指导规范条件，在一定程度上给我国现有民办高等院校的良好有序建设发展，造成了表现程度显著不良影响。二是民办高校生存发展的空间呈现萎缩趋势。当前，我国适龄高教人口正呈逐年减少，高等教育招生规模逐年缩减，为民办高校的发展带来了巨大的挑战，加之当前随着本科院校由学术型向技术型转型，以及成人教育、电大、网络大学的发展，也为民办高校的发展空间带来了一定的挤压。遵照目前已经获取的权威性调查研究报告分析资料，在我国现有的高等教育事业领域潜在性招生对象的整体数量规模不断减少，以及成人教育、电大、网络大学等现代化教育形态日渐发展成熟的历史背景之下，我国现有民办高等院校在具体组织开展的招生工作实践过程中，通常会较难获取到数量充足的被招生对象，而民办高等院校在具体获取的招生数量规模未能达到其预先设定的招生数量标准背景之下，通常会相应地诱导我国民办高等院校在具体组织开展基础性学生培养工作，以及基础性科学研究工作过程中实际投入的财产资金要素和教育资源要素，无法稳定且顺利地获取到预先规划设定的，且数量充足的实践性收益，在一定程度上给我国现有民办高等院校的长期稳定可持续发展，造成了极其显著的不良影响。三是民办高校各项平等待遇尚未完全落实。民办高校的学生在就业方面与普通公办高校的学生还有较大的差异性，全社会对民办高校学生的认可程度不高；同时民办教育在薪资待遇、继续教育等方面与公办高校也有一定的差距；民办高校发展过程中在财政补贴、金融贷款、税收等方面远不如公办高校。从一定的学理分析角度展开具体阐释，我国现有的基层普通民众群体，在自身基础性内在思想观念认知建构实践体验过程中，依然未能实现对公办高等院校，以及民办高等院校平等地位和相互差别的充分认识，因而在基础性观念认知层面上，往往片面地认为公办高等院校的基础性教学科研工作的组织开展质量水平，显著优于民办高等院校的基础性教学科研工作的组织开展质量水平，导致其实际报考高等院校过程中，往往会更加倾向于报考公办高等院校，在一定程度上给我国现有的各类民办高等院校最佳预期招生工作目标的稳定顺利实现，造成了表现程度显著的不良影响。与此同时，受多元化主客观因素的共同影响，现阶段我国民办高等院校在具体化的建设发展过程中，尚未获取到来自我国各级地方政府教育职能部门，以及财政职能部门提供的政策指导支持条件，以及财政资金支持条件，在一定程度上导致我国现有的民办高等院校，无法顺利获取到稳定且优质的预期发展效果。四是对民办高校的行业管理仍然混乱。对民办教育的行业管理规范程度不高，民办高校办学质量参差不齐，政府部门在对民办高校的行业管理中"错位""越位"和"缺位"现象仍然突出，未能切实建构形成和具体实施科学规范且系统合理的管理监督控制制度。

另一方面，在微观运行制度层面。一是内部治理不规范。表现为"三会一层"（董事会、监事会、职工代表大会、管理层）不健全，相互监督、相互制约的格局尚未形成。学校的董事会、监事会与职工代表大会的职能尚未得到充分的发挥，所有者与经营者关系没有充分的理顺，权责关系混乱无序。二是财务管理与内部控制不健全。一些民办高校法人财产权尚未落实到位，高负债率、高杠杆率、高融资成本等现象长期存在，加之内部控制不完善，财务信息披露不及时，为学校的管理带来了巨大的隐患。三是利益相关者参与治理不足。普通教师缺少学校治理的机会，学校管理层仅将教师当作普通的"求职者"和"打工者"，没有在学校治理中将教师纳入，教师的工作积极性不高，流动性较高，职工代表大会形同虚设。从整体性角度展开论述分析，现阶段我国民办高等院校在基础性内部管理制度建设，以及内部性管理控制工作具体化组织开展过程中，所真实存在的一系列问题，以及局限性，在一定程度上直接导致我国现有的民办高等院校，在具体化组织开展的日常化在校学生及学生群体教学培养工作实践过程中，以及基础性科学研究工作实践过程中，难以长期处于稳定有序实践状态，顺利实现预先设定的各项基础性工作实践目标，给现阶段我国民办高等教育事业的综合性实践发展质量水平，造成了极其显著的不良干预。

1.2　研　究　意　义

1.2.1　理论意义

纵观当前学术界对于民办高校治理结构的研究成果，对教育经营问题的研究主要是利用管理学的角度，而缺少从制度经济学角度的研究，对民办高校的研究更倾向于学校"应如何"经营的研究，而缺少民办高校的经营"是什么"和"为什么"的实证探讨。与此同时，学术理论界至今还没有形成一个公认的、科学的学校经营范畴、体系，当前对于民办高校治理的研究存在着"专门化研究较多，系统性研究不够；学理性研究较多，实证性研究不够；单学科研究较多，跨学科研究不够"等问题。

因此，本书选题为"民办高校治理结构研究"。以制度经济学为研究视角，旨在对当前民办高校内部和外部治理结构中存在的问题进行探析，通过治理结构的完善，进一步提高民办高校的资源配置效率，更有效地提高和发挥民办高校的经济学"效用"。不但解决好怎样提高民办高校经营管理效能的问题，更要从制度经济学的角度解决好学校经营管理"是什么"和"为什么"的问题，有效地弥补当前学术界从经济学角度对民办高校治理结构研究成果较少的问题，从而进一步丰富民办高校治理的学术理论研究成果，为我国的未来民办教育发展及高等教育改革提供理论支撑。

基于新制度经济学理论的研究切入视角，组织开展民办高等院校内部治理结构的学理性和实证性调查研究工作，能够基于全面性的学理分析视角，充分补充和丰富现阶段国内外学者，在民办高等院校内部治理结构层面的研究成果，为相关学科领域的教学研究工作实践人员，在具体化参与开展的与民办高等院校内部性治理结构相关的学理性或者是实证性研究分析工作，构筑和提供更多的研究切入视角，为现阶段我国民办高等院校内部治理结构研究工作组织开展水平的不断改善提升，创造和提供科学有效的潜在背景性支持条件，保障和支持我国民办高等院校内部治理结构的建设发展水平不断改善推升。

首先，本书在对新制度经济学理论、社会资本理论、交易费用理论、法人治理结构理论、不完全契约理论进行了回顾和归纳的基础上，旨在通过民办高校治理结构的研究，提高经济资源获得便利性和经济要素配置效率。将民办高校治理结构的经济制度要素进行细化，把经济制度作为一种全新的民办高校治理结构研究的理论出发点。借由对新制度经济学理论、社会资本理论、交易费用理论、法人治理结构理论以及不完全契约理论等基础理论的全面充分的引入和结合运用，本书充分实现了对民办高等院校内部性治理结构问题的全面系统地分析阐释，在一定程度上较为稳定且充分地实现了对民办高等院校现有内部治理结构和内部性管理控制制度的全面系统分析，且给出了助力我国民办高等院校内部治理结构和内部性管理控制制度，不断改善优化的相关性建议和意见，应当具备一定表现程度的经验性参考借鉴意义。

其次，本书将经济制度优化与法人治理相结合，将进一步丰富当前法人治理理论研究成果，揭示民办高职的发展规律与管理特点，通过对民办高校发展历程及其治理特点的系统梳理，做出合理的制度经济学解释，从而为今后的研究提供理论前提。在民办高等院校内部治理结构研究工作组织开展过程中，切实实现基础性经济制度理论要素和法人治理制度理论要素之间的稳定充分结合，能够切实支持和促进国内外民办高等院校治理结构理论研究领域的相关工作人员，切实实现对民办高等院校内部治理结构建设与优化改良事业实践领域，基础性工作实践特征和工作实践规律的全面充分认识，保障和助力民办高等院校内部治理结构理论研究工作的综合性组织开展水平不断改善提升，助力我国民办高等教育事业，切实实现长期稳定优质的历史发展状态。

1.2.2 现实意义

民办高校制度的高效性是其能够获得健康可持续发展的保障，如果没有一个良好的制度环境和内部运行机制，对各类资源进行优化配置，将直接影响民办高校的做大做强。从制度经济学的角度看，民办高校作为一种"经济组织"，制度的先进性将使其能够提高其全要素产出率，提高民办高校的产品附加值。本书的现实意义主要表现在以下几个方面：

首先，本书利用制度经济学对民办高校经济资源获取渠道进行创新与挖掘。长期以来，对于高校的经济属性与公益性属性的讨论一直是学术界研究的热点问题。因此，本书试图运用新制度经济学的分析框架，进一步验证民办高校的经济人、产品和生产方式、制度变迁、产权、契约、委托—代理等假说，从而更有效的对我国民办高校的制度性缺陷进行揭示，推进我国民办高等教育改革。从我国民办高等教育事业的具体化历史发展演进路径角度展开分析，只有我国各级民办高等院校切实实现对目前建构和执行的内部管理控制制度，现存缺陷和局限性问题的全面清晰认识，才能在借由择取和实施针对性的制度改良或者是优化策略，保障和支持我国现有民办高等院校内部管理控制制度的建设发展水平不断改善提升，助力我国民办高等教育事业切实实现优质且稳定的历史发展。

其次，加强民办高校的治理，全面提高经营效率，优化教育资源配置，已成为国家教育发展战略层面的迫切要求。本书基于制度经济学的视角，从外部治理与内部治理两个层面，对民办高校治理结构进行研究，旨在进一步明晰民办高校产权与经营权，强化民办高校的自主办学权，对不同治理主体的责权进行明确，为民办高校治理制度的构建提供有力的实践指导。

在新制度经济学基础理论的具体化引入运用背景之下，借助于内部性治理工作实践模式与外部性治理工作实践模式的结合性建构和运用，能够有效改善优化我国民办高等院校内部现有的各类工作人员之间的岗位职责关系，继而督导和支持我国民办高等院校内部一线教学工作人员，以及基础性科学技术研究工作参与人员，不断学习和掌握高效充分引入运用各类型基础性教育资源要素的基本方法和实践手段，在日渐改善提升我国民办高等院校内部现有各类性教育资源要素的综合性使用效率水平基础上，保障和支持我国各类型民办高等院校在日常化教学工作组织开展过程中，以及基础性科学研究工作组织开展过程中的综合性经济收益获取水平不断改善提升。

1.3　文　献　综　述

1.3.1　国外研究现状及趋势

1. 制度经济学相关研究

所谓新制度经济学（New Institutional Economics），简而言之，就是在引入运用经济学基本理论和基本分析方法的实践背景之下，针对"制度"问题展开基础性理论分析的经济学理论分支。在现代经济学理论体系的具体化发展演进过程中，新制度经济学相关理论的产生和日渐发展成熟，在一定程度上实现了对新古典经济学理论体系的优化和完善，在充分扩展和丰富现代经济学理论研究工作的内容覆盖对象背景下，触发了世界各国现代经济学研究领域学者，对"经济学研究范围"问题的全面且深入的思考探究。

新制度经济学的概念表述，最早是由诺贝尔经济学奖得主、著名经济学家威廉姆森（Williamson）创立并且提出的，其相关理论在漫长的学术理论研究，以及经济学理论阐述工作的具体实践过程中，实现了表现程度极其显著的不间断扩展优化目标。遵照诺贝尔经济学奖得主、著名经济学家罗纳德·科斯的理论阐释，在具体参与开展当代历史背景之下的新制度经济学理论研究工作过程中，应当以特定的"人"在具体参与社会实践活动过程中产生的，或者是面对的实际需求作为研究基础，针对"人"本身，以及"人"在特定化的现实性制度体系规范约制背景之下，所展示的实践活动表现特征展开全面系统的研究分析。而遵照诺贝尔经济学奖得主、著名经济学家道格拉斯·诺斯的相关理论表述，组织开展的新制度经济学理论研究工作的主要目的，就是要在具体化的制度要素形态发展演进背景之下，针对独立人类个体或者是人类群体具体制定形成一切决定过程中的相关运作过程机制和影响干预因素展开全面分析，同时还要针对独立人类个体或者是人类群体，实际制定形成的决定，在后续发展演化过程中可能造成的实践影响展开全面系统的调查归纳，以及学理性阐释分析。

关于制度经济学的研究可以分为两派，一派是以凡勃伦的制度演化思想为主要渊源的新制度学派，又叫演化与制度经济学；另一派是以康芒斯和科斯的交易费用理论为主要渊源的新制度学派，又称交易费用经济学。凡勃仑（1910）认为："制度是在利益集团的驱动下产生的，为了维护某个既得利益集团的利益，在某种竞赛本能的驱使下，来划分和衡量不同身份、阶段、财产等个人和集体的价值。这种划分方式显然是单调而保守的。"①

在经济学家托尔斯坦·凡勃仑的经济学理论研究分析视野之中，制度被视作一种能够长期性和广泛性存在的社会风俗。制度的基本实质，就是独立存在的人类个体，或者是社会实践性组织团体，针对在具体参与的社会化生产实践活动体验过程中所遭遇的，与自身切身利益获取状态息息相关的某些关系要素，或者是某些作用要素，以及在面对上述基础要素形态过程中，所具体展现的基础性思想习惯。在经济学家托尔斯坦·凡勃仑的经济学理论研究分析视野之中，较为广泛且充分地将私有财产因素、价格因素、市场因素、货币因素、竞争因素、企业因素、政治机构因素、法律法规因素，以及经济实践性谋利行为因素等都划归为普遍存在的社会实践

---

① 凡勃仑、蔡受百：《有闲阶级论》，商务印书馆1964年版，第55~56页。

习惯的具体表现形式，或者也可以称作制度形式。

　　罗纳德·科斯（1937）发表的《企业的性质》一文中，首次提出利用交易费用来判断制度的合理性。《企业的性质》一文明确指出，对于基础性价格机制的引入和使用，通常需要付出一定数量的经济代价或者是经济成本。在此基础上，科斯在后来撰写和发布的《社会成本问题》（1960）论文中，进一步针对"交易费用"基本理论的经济学思想内涵展开了系统深入地阐释分析，"为切实执行和实现某一项具体存在的市场交易实践行为，独立化的人类个体有必要预先发现和谁一起开展市场交易行为，告知市场交易对象自身目前实际具备的市场交易意愿，以及在达成具体化市场交易行为目标之前，需要满足的各项基础性潜在支持条件，并且在上述前提限制条件基础之上，还要具体进行市场交易谈判环节、讨价还价环节、拟定契约环节、监督控制干预环节，以确保具体组织开展的市场交易实践行为，能够稳定且顺利地获取到最优化的预期效果"。在针对《社会成本问题》一文中的相关理论研究论述内容展开系统化梳理归纳背景之下，这里可以将经济学家科斯在研究"交易费用"问题过程中的基本思想大致概括如下：（1）明确指出零交易成本学理研究情形形成和存在的局限性；（2）研究分析交易成本因素普遍存在的真实社会形态；（3）源于独立经济组织的理论假设条款与现实存在的客观实践之间具备密切的相互关联特征，以及所有现存的可行的组织形态，都有一定表现程度的缺陷性，因而倡导借由制度性比较分析的理论方法，考察确定具备可行性学理属性特征的不同制度形态之间的相互替代实践可能性；（4）上述行为决定于对契约要素、契约过程要素、组织要素的系统性微观化分析研究。①科斯（1960）认为："交易不是没有成本的，其中最重要的成本就是对价格的识别，是交易者对价格有关信息进行搜集、分析、处

---

　　① 奥利弗·E. 威廉姆森、西德尼·G. 温特：《企业的性质》，商务印书馆 2007 年版，第 69 ~ 70 页。

理、谈判、履约的成本。"① 诺斯（1994）认为："交易费用是制度经济学中核心的概念之一，是对一定契约下，构成交易基础的原始成本，交易成本与外部市场环境、内部制度结构密切关联。"② 威廉姆森（1999）将物理学中的"摩擦力"来对交易费用进行比拟。他认为："交易费用就如物理学中的摩擦力，这种摩擦力越大则越会影响市场交易的经济性。交易费用主要受资本的专有性、交易频率与交易的不确定性三个要素所影响，包括对价格的度量、判断、分析、界定，最终设置价格的平衡点，促进交易双方达成交易。"③

在发现交易费用的研究基础上，制度经济学得到了飞速的发展，更加揭示了市场条件下人们的经济行为规律，从而产生了产权、制度变迁、公共选择等后续理论。

在新制度经济学的理论研究视野之中，产权的基本内涵并不在于单纯性刻画，或者是描述独立的人与特定的物之间的相互关系格局，而是要充分关注因物的存在，以及关于它们的具体使用而引致的独立人类个体之间相互认可和相互接纳的基础性行为关系格局。在针对产权要素展开明确化界定背景之下，能够充分安排和确定独立化的人类实践个体，在具体面对特定物过程中应当严格遵从执行的基础行为规范，以及在未能充分遵从上述基础性行为规范条件下，具体应当支付的成本或者是代价。

在新制度经济学家针对"产权"问题展开的理论分析过程中，对产权起源问题的论述分析，是现代产权理论在形成和演化过程中的重点论述内容。经济学家麦克洛斯基（1985）阐释，20世纪初期美国的制度主义学派经济学家，以及德国历史学派经济学家，曾经集中性地在其学术研究论著中，明确阐释了现代经济学研究理论

---

① 罗纳德·H. 科斯：《财产权利与制度变迁》，格致出版社2014年版，第136～137页。
② 霍秋芬：《诺斯视角下的交易成本和意识形态》，载于《邢台学院学报》2011年第26期，第185～186页。
③ OE Williamson, "The Economic Institutions of Capitalism. Firms, Markets, Relational Contracting", China Social Sciences pub, 1999, 32 (4): 61–75.

中，关于财产起源问题相关理论研究论述的缺失性，从而无法实现
对现代国民经济长期发展问题的充分理解和揭示。在上述基础性学
术研究工作的前提背景之下。从 20 世纪 60 年代后期开始，全世界
范围内接连有一定数量比例的经济学研究学者，借由对新古典经济
学理论的引入运用，针对财产要素的起源问题展开了基础性的理论
分析，并在此基础上有效且充分地弥补和补充了相关理论研究工作
领域的缺陷和不足。在基于宏观性学理分析的实践背景之下，人们
通常趋向于将上述关于财产企业研究工作过程中获取的理论成果，
描述定位为原始产权理论。因为这些理论性研究成果在具体分析和
描述排他性产权要素的历史发展路径过程中，尚未实现对同时包含
政治制度因素和社会制度因素的理论分析模型的建构发展目标。

　　罗纳德·科斯（1960）在《社会成本问题》中提出了著名的
"科斯定理"。在科斯定理中，以交易费用为参照，论述了交易费用
在不同数值范围内，资源配置的最优化，及其影响因素。提出了在
交易费用存在的背景下，产权制度是作为资源配置达到帕累托最优
的前提条件。[1] 德姆塞茨（1994）认为："产权就是对自己和他人
受益与受损进行控制的权力。产权是市场交易的基础，如果没有产
权界定，就无法产生合理的交换行为。"[2] 诺思（1994）认为："产
权是具有排他与让渡属性的权力，因而在针对基础性产权要素展开
经济交易活动背景之下，能够切实且充分地改换特定物品要素的核
心控制者，其实质在于实现权利关系要素的改变和转化"[3] 巴泽尔
（Barzel，2007）认为："资产的权属是产权的重要内容，产权同时
还包括资产的处置、收益、使用、转让等方面的权力。"[4] 阿尔钦

---

　　① R. H. 科斯：《社会成本问题》，法律与经济学杂志出版社 1960 年版，第 255 页。
　　② 哈罗德·德姆塞茨：《所有权、控制与企业》，经济科学出版社 1999 年版，第 42 ~
43 页。
　　③ 李建标、曹利群：《"诺思第二悖论"及其破解——制度变迁中交易费用范式的反
思》，载于《财经研究》2003 年第 10 期，第 31 ~ 35 页。
　　④ Yoram Barzel，"Measurement Cost and the Organization of Markets"，Journal of Lauand
Economics，2007，（14）：141 – 142.

（1994）认为对产权进行研究，不能脱离政府与市场的关系，只有进一步明确政府与市场的关系，才能够保障权益人拥有的产权。产权不仅仅是人与物间的单纯关系，而是在一定的制度条件下，人们对物的存在与使用形成的认知行为关系。① 只有产权充分的明确，才能够发挥市场机制的作用，而产权的界定也是交易成本的重要组成。巴泽尔（1997）认为："产权界定的成本是不可忽视的，并且是相对的。如果在交易过程中，产权的界定成本大于交易的收益时，产权的所有者则会失去产权界定的动力，在产权没有被界定的情况下进行交易。"这种由于产权界定费用过高而无法界定的产权被巴泽尔称为"产权公共域"。② "产权公共域"问题的长期存在，通常会导致具体的独立经济实践活动主体，无法在具体参与开展的财产要素交易实践活动过程中，明确且充分地认识和感知到特定交易对象实际具备的产权价值高低水平，诱导实际商议确定的产权要素交易价格，难以切实具备充分的科学性和合理性，给实际组织开展的"产权"交易活动综合效能获取水平，造成了极其显著的不良影响。

委托代理理论也是制度经济学的重要基础理论。新制度经济学家关于委托—代理理论（Principal-agent Theory）的研究论述，是现代经济学理论研究工作实践过程中，关于企业组织理论研究分析过程中的重要因素组成内容，其核心性的研究内容，就是要关注具备稳定且充分的所有权要素和控制权要素相互分离特征的现代化公司制企业组织中，独立性经济实践活动参与主体，在存在信息不对称分布（Asymmetric Information）实践格局之下具体面对和遭遇的行为激励问题和行为约束问题。经济学家阿尔钦（1994）指出："委托代理理论是制度经济学的重要研究内容，委托代理是进行市场交

---

① 张汉昌：《从"阿尔钦之迹"看教育产权制度的改革与创新》，载于《南阳师范学院学报》2007 年第 6 期，第 86～89 页。
② Y·巴泽尔：《产权的经济分析》上海人民出版社 2000 年版。

易的重要组成，通过选取代理人的方式，来降低交易成本，达到某种交易的目标。"① 与此同时，国外的许多经济学家将代理人作为在委托人的委托合同下，代理委托人行使某种权力的人。通过有效的委托代理，形成委托人与代理人间的利益共同体，代理人能够完成委托人交付的任务。而解决好委托代理问题的根源则在于如何更有效的消除信息不对称，实现信息的有效披露。经济学家泰力·M.默指出："委托代理的形成是需要外置条件的，委托代理的形成要求委托人与代理人都拥有谈判、订立契约、控制、反馈、自由选择等方面的能力。"②

2. 教育的市场化和经济行为研究

当前，学术界对于教育的市场化和经济行为的研究成果也较多。伴随着有效学校理论的出现，广大学者也加大了对于教育市场化和经济行为的研究。对于教育的市场化的研究主要可以划分为两个阶段：

一是"有效学校理论"盛行的阶段。有效学校理论是于 20 世纪 70 年代在美国、欧洲等发达国家推广的学校管理范式，被向全世界进行推广。有效学校理论认为："有必要通过对学校管理体制的创新，优化学校的管理效能，来提高教学组织水平"。有效学校理论强调学校通过加强管理，对教育产品质量进行改进。通过进一步明确教育思想、创新教育方式、改进学生的学习环境和教师的教学环境，构建更加民主、平等、自由、开放的教学氛围等。有效学校理论的形成，并不是对原有公办学校管理方式、治理结构的彻底革命，而是强调一种渐进式的组织变革。"有效学校理论"在现代

---

① 姜建强：《阿尔钦-德姆塞茨之谜：一个交易费用解释》，载于《世界经济》2007 年第 2 期，第 60～66 页。

② 约翰·E. 丘伯、泰力·M. 默、丘伯：《政治、市场和学校》，教育科学出版社 2003 年版，第 88～89 页。

民办高等院校的引入运用，能够结合各级民办高等院校日常化学生教学培养工作的具体化组织开展路径，以及基础性科学研究工作的综合性组织开展路径以及现存问题，借由对多元化管理干预手段的引入和运用，不断改善提升现有民办高等院校在具体组织开展的日常化教学科研活动过程中的综合性实践效能获取水平，切实保障和支持现阶段我国各级民办高等院校能够稳定且顺利的获取到最优化的历史发展，充分发挥和展现现有的财政资金要素，以及多种多样具体教育资源要素项目的综合性实践应用价值。

二是对"教育市场化"问题争论的阶段。相对于有效学校理论对于公办学校和风细雨式的管理优化，20 世纪 80 年代随着全球自由市场经济的发展，教育的市场化改革也逐渐被各国提上日程。在市场化的冲击下，公立学校产权不明确、责权不清晰、治理效能低下的弊端不断显现出来，因此，推进公办学校向市场化转型成为学者们研究的重要课题。正如美国著名教育经济学家亨利·莱文利用经济学的生产函数与供需关系实证分析了教育市场化的必要性。他认为："教育的市场化有利于资源的优化配置，从而有效地提高教育的产出。"① 美国斯坦福大学胡佛政治学院的约翰. E. 丘伯对美国 1980 年前的公办教育改革进行了研究后，指出："教育的产权归属是市场化的重要问题，必须解决好产权的归属，明确所有者与经营者的界线，才能够打破传统的治理结构与组织机制，构建高效的教育管理体系，从而推进教育质量的提高。"② 与此同时，英国学者杰夫. 惠迪、萨莉. 鲍尔和大卫. 哈尔平的《教育中的放权与择校：学校、政府与市场》首次对教育发展过程中政府、学校与市场的关系进行了论述。他认为：公有制的学校，由于其产权所有者为

---

① S Elwood, C Changchit, R Cutshall, "Investigating students' perceptions on laptop initiative in higher education: An extension of the technology acceptance model", Campus – Wide Information Systems, 2006, 23（5）：336 – 349.

② 约翰·E. 丘伯、泰力·M. 默、丘伯、榛、蒋衡：《政治、市场和学校》，教育科学出版社 2003 年版，第 44 ~ 45 页。

全民，经营者必须向上级行政教育管理部门负责。① 而为了更有效地分配教育资源，对公有制学校进行考核，必须设置能够容易量化的指标，如论文发表数量、学术成绩、就业率等，这种考核方式违背了教育的初衷。而通过教育市场化的改造，能够将竞争的主体还予学校，通过市场化的机制激发学校的发展动力，使学校把学生作为产品的供给，必须提高产品的供给质量，才能够占领市场，在弱肉强食的市场环境下实现学校的优胜劣汰。

"教育市场化"改革事业的快速稳定持续深入推进，能够较为稳定且充分地保障和支持我国现有的各级别民办高等院校，在其具体化组织参与的日常化教学实践工作，以及基础性科学研究工作的组织实践过程中，切实获取到科学稳定且充分明晰产权关系格局，为独立存在的市场化经济活动主体积极主动参与我国民办高等院校的建设发展实践工作，构筑和提供稳定且充分的实践性背景要素支持条件。与此同时，"教育市场化"改革事业的快速稳定持续深入推进，确保我国现有的各级民办高等院校，能够密切结合真实劳动力就业市场环境中实际具有的专业应用型人才招收接纳结构，针对性制定形成，指向我国现有各级民办高等院校内部特定专业的在校学生群体教学培养工作的组织实施方案，保障和现阶段我国民办高等教育事业在具体的历史化发展演进过程中，能够较为稳定顺利地获取到最优化的预期效果。

3. 高校治理结构研究

当前学术界对于高校治理结构的研究成果也较多，虽然由于政体的不同国外高校治理结构研究对我国高校的治理不可能完全照搬式的借鉴，但是其高校治理的思路，对于我国的高校治理结构仍然

---

① 杰夫·惠迪：《教育中的放权与择校：学校、政府和市场》，教育科学出版社2003年版，第142页。

具有一定的参考价值。在具体组织开展的指向我国现有的各级民办高等院校的内部性治理结构建设优化过程中，我国各级民办高等院校现有的内部管理工作人员，以及具体从事民办高等院校内部治理结构问题理论研究工作的相关工作人员，应当积极突破已有的根深蒂固的意识形态性观念认识结构的干预和限制，积极主动地致力于借鉴和参考西方主要发达国家，在建设和不断改善优化高等院校内部治理结构和基础性管理控制干预制度等方面获取的成功经验，要充分关注和结合现阶段我国各级民办高等院校，在具体组织开展内部治理结构和基础性管理控制干预制度过程中的基本实践情况，以及具体提出的针对性建设发展需求，切实在充分引入借鉴西方发达国家的先进性实践经验基础上，取其精华，避其糟粕，扎实且充分地保障和支持我国具体组织开展的各级民办高等院校内部治理实践工作，能够较稳定且顺利地获取和实现最优化的预期效果。综合国外学者对于高校治理的研究成果，可以划分为"理论类"和"实践类"两个类别。

在理论研究方面，以下学者对于高校治理结构的研究具有一定的代表性。

Flexne 对于高校治理结构的研究更多地偏重于高校的"组织结构"，试图通过组织结构的优化来提高高校治理效能。在具体组织开展的高等院校内部治理结构的建设优化工作实践过程中，只有采取和运用有效措施不断改善强化高等院校内部治理工作结构的科学性和合理性，才能保证和支持高等院校内部治理工作能够稳定且顺利地获取到最优化的预期效果。

Flexne（1991）认为："高校的组织结构可以根据组织管理的层级划分为不同的同心圆。"针对高等院校内部现有的基础性组织结构，遵照其实际承担的管理性工作任务展开科学有效的层级结构划分，能够督导和促进高等院校内部现有的管理性岗位工作人员，全面充分且系统地认识和理解自身目前实际承担的管理性工作实践任务，并且借由自身实际参与的高等院校日常化基础业务管理工作实践环节，保障和支持我国高等院校具体化组织开展的内部管理工作，能够顺利获取到最佳预期效果。①

丹尼斯等（Dennis et al.，2007）认为："高校治理不但受自身的管理和经营影响较大，同时受外部环境的影响也较为严重。要做好高校的治理，就必须实现内部治理与外部治理的协同。"高等院校在具体追求和获取内部治理实践工作的最优化预期效能过程中，应当充分且全面性的同时关注和分析内部性因素和外部性因素对高等院校，内部治理工作综合性组织开展效能的影响和干预作用，借由采取恰当有效的干预控制措施，积极处置和激发多元化内部影响因素和外部性影响因素，在高等院校内部治理结构建设优化过程中的支持助力作用，保障和支持高等院校内部治理结构建设工作能够稳定且顺利地获取到最佳预期效果。②

丹尼斯等学者的研究成果从国家政策的角度对于高校治理进行研究，为我国的高校治理结构研究提供了有力的借鉴。威廉（William，1978）将制度经济学的委托代理理论作为出发点，对高校治理的委托人与代理人进行了研究，指出："在高校治理过程中，最重要的就是处理委托人与代理人关系，通过有效的信息披露，消除代理风险。"借由对"委托—代理"业务运作机制在高等院校内部治理工作实践领域的具体化引入运用，能够在借由第三方主体具体化组织开展高等内部治理工作实践过程中，切实且充分地规避高等院校内部各利益相关主体，对具体制定实施的高等院校内部治理制度体系的影响干预作用，保障和支持高等院校内部现有的治理工作人员，能够独立且充分地发挥自身在具体参与高等院校内部治理工作实践过程中的基础工作职能，以及基本性工作任务，确保在科学

---

① Flexne，"Organizational Structure and Construction Strategy of Colleges and Universities Information Commons"，Library Work & Study，2012，61（3）：349–356.
② Dennis，"An Analysis of University Governance Structure"，China Soft Science，2007，27（1）：529–535.

有效充分组织开展高等院校内部治理工作实践过程中，保障和支持高等院校日常化学生教学培养工作，以及高等院校基础性科学研究工作，能够良好顺畅有序地组织开展，并且获取到最优化的预期效果。①

　　谢里（Sherry）将高校治理结构的研究上升到法理的角度，从法学的框架体系对高校结构治理进行研究，为下一步的理论拓展提供了新的思路。在高等院校内部治理结构理论研究工作实践过程中引入基础性法学分析理论，能够有效改善提升高等院校内部性治理结构研究分析过程中的规范性水平，保障和助力我国各类型高等院校在具体组织开展基础性内部治理结构的建设实践工作过程中，能够稳定且顺利地获取到最优化的思想理论指导支持条件，为我国现代高等教育事业能够稳定且顺利地获取到最优化的历史发展效果，创造和提供有效且充分的实践背景支持条件。②

　　Hechtd 等（2014）认为高校的治理必须从建立产权所有者与经营者的稳定的关系为主。在高等院校内部产权所有者和高等院校实际化的经营控制者具备明确且稳定的相互关系格局的实践背景之下，通常能够保障和支持高等院校的实际经营控制者，在具体指导开展高等院校日常化学生教学培养工作，以及基础性科学研究工作的实践过程中，能够获取到更加稳定且充分的独立化干预控制权利，能够扎实结合自身实际面对的主客观实际环境和实际条件，科学合理地制定实施针对性的基础工作组织开展方案，以及管理干预程序，为我国现代高等教育的良好发展，构筑和提供基础性的支持条件。③

---

　　① William，"Local Government behavior and principal-agent theory"，International Journal of Computer Mathematics，2004，81（6）：765－773.

　　② M Sirat，AR Ahmad，"University Governance Structure in Challenging Times：The Case of Malaysia's First APEX University（Universiti Sains Malaysia）"，Palgrave Macmillan US，2010：89－90.

　　③ Hechtd，"Construction of Modern University System and Internal Governance Structure Optimization"，Guide of Science & Education，2014，28（6）：365－371.

　　詹姆斯和 Step（2013）从高校的公益性出发，突出了高校治理主体的多元性，指出："高校的治理需要将所有利益相关者引入其中，共同对高校的管理进行监督。"在高等院校市场化改革实践工作快速稳定持续推进的历史实践背景之下，基于多方利益主体共同介入参与背景之下，组织开展高等院校内部基础性治理结构建设工作，势必将会成为未来一段历史时期之内，高等院校内部治理工作在具体组织开展过程中的主要趋势。在多方利益主体共同介入参与高等院校内部治理工作的实践过程中，能够在具体规划制定形成高等院校内部治理工作实践方案过程中，充分关注高等院校现有各方利益主体的基本诉求，以及高等院校在具体组织开展的日常化学生教学培养工作，以及基础性科学技术研究工作过程中所面对的实际需求，继而借由不断改善提升高等院校内部治理结构制度体系，在具体建设发展过程中的科学性、规范性，以及有效性，保障和支持我国现代高等教育事业，能够切实获取到良好优质的历史发展。①

　　从以上的研究成果可以看出，在国外学者对高校治理结构的理论研究中，大多从管理学、法学视角研究的成果较多。主要是由于国外的教育相关法律较为健全，并拥有较久远的高校治理历史，相对于我国的高校治理，国外的高校起步早、相关法律、法规较为健全。从整体性角度展开分析，上述研究成果对未来一段历史时期之内，我国各级民办高等院校内部治理结构体系的建设和优化实践工作，能够发挥一定表现程度的支持和指导作用，应当引起相关领域基础性研究人员的密切关注和借鉴参考。

　　实践研究：在理论研究的基础上，众多国外学者加大了对高校治理结构的实践研究。约德（Yoder，1962）、约翰（John，1977）、

① M Bennett, J Kirby, S Ali, S Douglass, "Investigating the interaction between FOXP3 and CCR7 in the development of breast cancer metastasis", Guide of Science & Education, 2014, 28（6）: 365 – 371.

博克（Bok，2003）等学者的研究强调权力制衡在高校治理中的重要作用，以及充分发挥出教授在高校治理中的重要作用。

约德（1962）和约翰（1977）认为："推进高校的行政管理与学术管理相分离，是实现高校治理效能优化的必然途径。"在现代高等教育事业的具体化历史发展实践过程中，学术管理工作和行政管理工作本身分别承担着彼此差异显著的工作任务和工作职责，组织开展高等院校学术管理工作的主要实践目的，在于切实保障和支持高等院校内部各项基础性日常化教学工作任务项目，以及基础性科学研究工作任务项目，均能够良好稳定且优质地组织开展，且能够比较顺利地获取到最优化的预期效果。而组织开展高等院校内部行政管理工作的主要目的，就是要借由对适当类型的管理方法和管理手段的引入运用，从整体上保障和支持高等院校内部各项日常化工作实践活动，均能够顺畅有序地组织开展，且获取到较好的预期实践效果。

西蒙尼扬（Simonyan，2014）认为："在现代高校管理制度中，有必要将学生作为治理的重要主体，突出学生在监督和管理学校经营中的作用。"[①] 斯坦伯格和马修（Steinber and Matthew，2011）等指出："可以利用学生社团组织加强学生参与管理的途径和平台，推进学生自治组织的建设。"[②] 克里（Kerry，2013）、托克（Shattock，2012）等学者的研究成果充分体现了将学生引入治理主体中的作用，对于我国现阶段高校结构治理的改进具有较强的借鉴意义。

在高等院校内部治理工作的组织实践过程中，充分关注高等院校在校大学生群体的参与可能性和参与积极性，能够不断改善和强化高等院校在校大学生群体在具体参与理论知识要素，以及专业应

---

① T Simonyan，Y Knyazeva. Diagnostics of technical university management system on the basis of modern management tools"，Brussels Economic Review，2015，15（1）：138 – 143.

② Steinberg，Matthew P. Allensworth，Elaine Johnson，David W，"Student and Teacher Safety in Chicago Public Schools：The Roles of Community Context and School Social Organization"，Consortium on Chicago School Research，2011：72.

用技能要素学习吸纳过程中的主人翁意识和主导性地位，保障和支持实际学习活动过程中能够稳定且顺利地获取到最优化的预期效果。与此同时，高等院校在校大学生群体，通过参与高等院校内部治理实践工作，能够在具体建构形成高等院校内部治理结构过程中，充分反映高等院校在校学生群体的综合性学习成长需求，改善提升高等教育的针对性和有效性。

哈里斯（Harris，2009）、山本（Yamamoto，2004）、马森（Maassen，2000）、米尔斯（Mills，2014）等学者结合经济体制与政治体制，对高校的治理进行了研究，指出高校治理的最终目标是实现不同既得利益者间的利益平衡。

从以上研究可以看出，在高校治理结构的实践研究方面，国外的学者将学生作为最重要的"利益相关者"，研究大多围绕教育的"社会效益"方面。究其原因，主要是由于国外高校的产权权属、收益分配较为明晰，政府对于高校的干预较少，高校的办学自主权较大。

1.3.2 国内研究现状及趋势

1. 高校经济学属性研究

在对国外的研究成果进行归纳与总结的基础上，笔者对我国学者对于高校的经济学属性的研究成果进行了梳理，与国外对高校经济学属性的丰富研究成果相比，我国学者的相关研究成果较少，主要有以下方面：

齐亮祖（1993）基于体制要素的考量切入角度首次提出了学者的"经营体制"问题，指出："要给予高校更多的自主办学权利，有效地提高教育产品供给水平。"① 与此同时，薛西生（1999）、罗清宁（1999）等学者也从经营体制和办学体制的变革对高校的经济学属性进行了论述。张铁明（2003）在《教育产业论》一书中，借鉴国务院《关于加快发展第三产业的决定》，将教育作为第三产业的属性进行了研究。通过模型的构建，实证分析了教育投入与产出的关系，是我国学者最为系统的对教育进行产业化角度的研究。② 厉以宁（1999）在《关于教育产品的性质和对教育经营的若干思考》一文中，从公共经济学的角度出发，对教育的产品属性进行了界定，对具体的教育产品进行了分类。从供给与需求的关系分析了教育产品供应对于我国经济增长的作用。③ 靳希斌和任建华（2002）在《论学校经营》一文中，借鉴企业的经营管理方式，对学校的经营进行了论述。指出："学校的经营可以根据其管理对象划分为资产、资本、教育产品等三个层次。"④ 商珺和喻颂华（2009）在《高校后勤产品的经济学属性及意义》一文中，对高校后勤市场结构和生活服务类产品要素经济学属性的分析，指出高校的后勤化改革是引入市场机制，通过竞争的方式构建合理的产品供需关系的活动。⑤ 张婧（2015）在《大学身份属性对高等教育资源配置的影响及对策研究》一文中，将高等教育的资源配置与经济学属性的联系进行了研究，指出高等教育的经济学属性体现在资源配置的制度安排，要推进高等教育的公平发展，就必须从经济学的资源配置属性出发，更加注重经济要素的交换、流转关系。⑥ 李志峰

---

① 齐亮祖：《校长在管理改革中的行为选择》，载于《山西教育》（管理版）1995 年第6 期，第 17～18 页。
② 张铁明：《教育产业论》，广东高等教育出版社 1998 年版。
③ 厉以宁：《关于教育产品的性质和对教育经营的若干思考》，载于《教育科学研究》1999 年第 3 期，第 3～11 页。
④ 靳希斌、任建华：《论学校经营》，载于《北京师范大学学报》（社会科学版），2002 年第 4 期、第 43～50 页。
⑤ 商珺、喻颂华：《高校后勤产品的经济学属性及意义》，载于《当代经济》2009 年第 6 期，第 112～113 页。
⑥ 张婧：《大学身份属性对高等教育资源配置的影响及对策研究》，载于《湘潭大学学报》2015 年第 1 期，第 44～45 页。

和李雪（2011）在《高校教师组织间流动的人力资本产权属性》一文中，将教师的流动作为经济要素的重要组成，提出要通过契约让渡使用权、支配权和收益权增强教师人力资本产权的增值。[①] 陈瀚（2016）在《"单位制度"对我国高校组织边界选择的影响—基于经济学视角》一文中将我国的"单位制度"作为研究对象，分析了高校组织边界的类型及高校组织边界的经济学意义，提出要遵循高校的经济学属性规律，通过组织边界的划定，推进高校行政职能改革，加快社会化与市场化进程。[②] 与此同时，杜育红、刘亚荣、宁本涛、曲恒昌、王彦才等学者对比西方国家对学校的经济学研究，结合我国高校的实际，对两者进行了对比，对本课题的研究具有一定的借鉴意义。

从以上学者的研究可以看出，虽然国内的学者对高校经济学属性开展了一定的研究，并且初步揭示了高等院校在具体办学实践过程中的经济性"投入-产出"关系格局，但是大多仍然拘泥于公共经济学和管理学等领域，而专门从制度经济学领域，有针对性地从产权、委托代理、契约等理论的研究成果尚趋于空白。由此可知，本书基于新制度经济学理论研究视角，针对高等院校内部治理结构问题展开的相关性理论研究分析以及学理阐释工作，势必会对不断丰富我国高等院校内部治理结构方面的研究成果，做出一定贡献。

2. 我国公办高校治理的相关研究

对公办高校治理相关问题进行研究分析对于民办高校治理的研究也具有一定的参考价值。因此，笔者对于公办高校治理的文献也进行了综述。

---

① 李志峰、李雪：《高校教师组织间流动的人力资本产权属性》，载于《中国教育经济学会》2011 年第 6 期，第 69 ~ 71 页。
② 陈瀚：《"单位制度"对我国高校组织边界选择的影响——基于经济学视角》，载于《大陆桥视野》2016 年第 10 期，第 256 ~ 257 页。

黄崴（2008）指出："当前影响高校治理的主要问题是政府对于高校自主办学与常规经营实践活动的行政干预。主要由于政府摆不正自己的位置，使得高校治理的行政化色彩较为严重。在高校经营和管理过程中，通常是以行政指令来进行，而非市场化需求的选择，使得高校的内部法人治理成为一种常态，并且这种内部的法人治理是以行政管理为主要特征的。"① 李福华（2007）认为："我国公办高校实行的是党委领导下的校长负责制，其组织结构在一定程度上套搬了政府的组织结构，使得权力的监督出现空白，尤其是行政对于学术的不正当干预仍然存在，使得更容易损害利益相关者——学生的利益。这种传统的组织层级、结构，成为推进研究型高校的重要阻碍。"② 朱益上（2009）提出："在公办高校的治理中，广大普通教职员工和学生缺少参与高校治理的机会。虽然许多公办高校都建立了职工代表大会制度，但是职工代表大会在'三会一层'中始终处于弱势地位，无法正常的发挥其参与管理的作用。" 从上述文献研究分析资料可以知道，在我国各级公办高等院校的现有治理工作实践结构之中，行政性管理制度和高等院校主要领导集团，对高等院校日常化教学工作，基础性科学技术研究工作，以及其他相关性工作任务项目的综合性组织开展演化路径，本身具备着表现程度鲜明的绝对性干预控制地位，间接上导致高等院校内部一线教师，科学研究工作人员，以及在校大学生群体，在具体参与日常化在校活动行为的实践过程中，难以获取到稳定且扎实的主动选择权和自主决定权，在长期处于被动性实践活动地位的历史背景之下，给我国高等教育事业的实际发展，造成了表现程度极其显著的不良影响。③

---

① 黄崴：《公办高校法人治理结构及其建设》，载于《高等教育研究》2008年第8期，第45～52页。

② 李福华：《利益相关者视野中大学的责任》，载于《高等教育研究》2007年第1期，第50～53页。

③ 朱益上：《论当前我国高校内部治理结构的失衡与对策》，载于《湘潮月刊》2009年第8期，第28～29页。

通过文献综述可以发现，当前我国学者对于公办高校治理的相关研究主要集中在法人治理和权力制衡等方面。彭向刚、范静波（2015）在《治理视野下的高校去行政化问题研究》一文中，指出："要进一步推进高校的行政化属性的淡化，借鉴企业的治理结构成功经验，推进各部门的治理资源整合，逐步取消学校、科研院所、医院等单位的行政级别，加强公办高校的公益性职能和社会化进程，提高公办高校的教育服务能力。"① 郑秋莲（2016）在《公办高校现代治理能力提升障碍及策略》一文中，从宏观与微观相结合的角度，对现代大学制度的建设进行了研究，指出了学校管理体制机制建设方面存在的问题。② 相子国（2016）在《山东省属公办高等院校治理体系的审视与改革》一文中，指出：由于当前公办高校的行政主导和政府管控的存在，使得内生治理的动机和动力不足，只有进一步推进独立的法人结构治理，建立现代学校制度才能够提高治理水平。③ 这些理论研究的共同点在于普遍认为：大学内部法人治理结构，要对大学法人的内部运行机制做出全面的界定，推进法人治理，使其内部能够达到一种相互的制约和平衡。

3. 我国民办高校治理的相关研究

从当前我国学者对于民办高校治理的相关研究可以看出，大致可分为两大类，一类是对民办高校治理现状的研究；另一类是民办高校对策建议的研究。

（1）关于民办高校治理现状的研究。苗庆红（2004）从民办高校的所有者权益入手，将民办高校的治理结构划分为人力资本、

---

① 彭向刚、范静波：《治理视野下的高校去行政化问题研究》，载于《中国机构改革与管理》2015 年第 3 期，第 21～23 页。

② 郑秋莲：《公办高校现代治理能力提升障碍及策略》，载于《黑龙江高教研究》2016 年第 4 期，第 25～28 页。

③ 相子国：《山东省属公办高等院校治理体系的审视与改革》，载于《山东高等教育》2016 年第 4 期，第 16～23 页。

股东控制、共同治理三类模式。指出："我国民办高校在发展中广泛采用的是人力资本治理模式，这种模式的投资者与经营者并没有实现分层，民办高校的管理层与投资者为一体；股东控制治理模式主要为广大股东共同参与治理，比人力资本治理模式更先进了一步，但是仍然解决不了'内部人控制'问题；共同治理模式实现了利益相关者的共同治理，是目前我国民办高校普遍探索的模式。"[①]苗庆红从"经营"的视角，对于民办治理的研究重要从资本控制、股东控制及共同治理进行研究，具有一定的代表性意义。[②]

王强（2008）指出："民办高校由于其有一定的公益性属性，因此不能将企业的治理结构完全照搬到民办高校的治理中来，而要从内外部两个层面着手，在加强经营管理的同时，更加注重民办高校的公益性。"在民办高等院校建设发展过程中同时关注其公益属性和经济属性，能够在充分保障和支持民办高等院校利益相关主体的经济利益获取状态背景之下，借由规划建设形成科学系统合理的民办高等院校内部治理工作组织开展体系和制度规范体系，充分诱导和激发我国民办高等院校，在具体组织开展日常化教学管理，以及基础性科学研究实践活动过程中的社会公益服务属性，为我国现代经济社会建设事业的高效稳定有序组织开展，创造和提供扎实有效的支持助力条件。[③]

徐绪卿（2010）认为："民办高校的治理结构存在着严重的内部人控制问题，最重要的原因就是职工代表大会的作用没有得到充分的发挥，普通职工无法对管理层进行有效的监督，导致管理层在

---

① 苗庆红：《公司治理结构在我国民办高校管理中的应用》，载于《经济经纬》2004年第6期，第139~142页。

② 苗庆红：《民办高校治理结构的演变研究》，载于《中国高教研究》2005年第9期，第28~30页。

③ 王强：《民办高校法人治理结构中存在的问题研究》，载于《江西科技师范大学学报》2008年第4期，第50~53页。

没有监督的情况下，权力被无限放大。"① 刘颂（2014）对北京市的 20 所民办高校进行了调查研究，指出："当前民办高校在治理结构中，在一定程度上存在着模仿普通公办高校的问题，导致民办高校组织结构烦冗、组织效能低下，三会一层间的互相制约、相互监督的作用得不到充分发挥，权力行使的规范性不足，利益相同者的权益无法得到充分的保障。从这里不难看出我国现有的部分民办高等院校，在内部治理结构建设实践过程中的盲目性和不合理性。"② 从以上研究可以看出，王强（2008）、谢锡美（2010）、刘颂（2014）借鉴企业治理的理论，对高校治理进行研究。从以上的研究可以看出，当前我国学者对于民办高校治理的研究，大多是从管理学的角度出发，从三会一层的建设、信息的公开与披露、监事会、教职工代表大会职能作用的发挥等方面进行研究，从经济学角度对民办高校治理研究的成果较少。在研究过程中，主要是借鉴当前企业治理的方式，对民办高校的治理结构进行规范和完善。

（2）民办高校治理对策和建议的研究。张世爱（2016）指出："民办高校治理的根源在于建立三会一层间的制约关系，进一步理顺校董事会领导下的校长负责制，使得董事会更能够发挥出领导作用，建立利益相关者的共同治理机制。"③ 赵宇宏（2016）指出："民办高校的董事会与管理层的关系需要进一步加以解决，建立董事会对管理层的监督管理机制，实现管理层与董事会间的权力的平衡，并将普通员工和广大学生纳入治理主体中。"④ 张世爱（2016）、赵宇宏（2016）等学者对民办高校治理结构的对策研究集中在对董

---

① 徐绪卿：《民办高校治理须紧紧抓住五个着力点》，载于《教育发展研究》2015 年第 9 期，第 12～13 页。
② 刘颂：《我国民办高校治理结构缺陷的内外成因分析》，载于《民办教育研究》2009 年第 1 期，第 19～22 页。
③ 张世爱：《民办高校治理模式的价值导向及现实困境——以 S 省 B 学院为例》，载于《临沂大学学报》2016 年第 3 期，第 128～131 页。
④ 赵宇宏：《我国民办高校董事会的特征及其功能优化》，载于《西部素质教育》2016 年第 23 期，第 37 页。

事会和校长的分权上，强调建立有效的激励机制，激发组织的管理活力。张宝贤、吴婷和陆易（2016）提出："在民办高校治理中，要解决监事会能够真正地发展'监事'作用的问题，进一步界定监事权限，充实监事会组织"。① 徐绪卿和冯淑娟（2011）指出：相对于国外的高校治理方式，我国的民办高校治理最值得借鉴的就是加强工会对于普通教职工权限的行使，加强学校的民主制度建设，增加普通教职工参与学校管理的机会。② 华婷（2016）在《民办高校特色发展的经济学分析》一文中，从经济学的角度研究民办高校特色发展，分析了经济理论对民办高校治理结构完善及其特色发展的启示及意义。提出要通过供求关系的优化，发挥好自身的比较优势，推进办学理论、办学目标、学科建设等方面的完善，最终实现组织战略目标的实现③雷萍（2017）在《利益相关者参与的民办高校共同治理模式探讨》一文中，对我国民办高校治理总结为"委托代理模式"和"单边治理模式"。在民办高校治理中，要推进行政权力与学术权力间的制衡关系的形成，加强利益所有者共同治理，最终实现民办高校经济效益、社会效益与学术效益的最大化。从民办高等院校内部治理工作的具体化组织开展路径角度展开分析，切实处理好民办高等院校内部学术管理工作和行政管理工作之间的相互平衡关系格局，能够充分改善提升民办高等院校，在内部治理工作组织开展过程中的科学性和有效性，助力我国民办高等教育事业实现繁荣有序的历史发展。④ 鞠光宇（2017）在《分类管理制度下民办高校的法人治理结构建构研究》一文中指出："要加强民办高

---

① 张宝贤、吴婷、陆易：《上市公司财务管理对民办本科高校监事会制度研究之启示》，载于《商业经济》2016年第12期，第87～88页。

② 鞠光宇：《分类管理制度下民办高校的法人治理结构建构研究》，载于《高教探索》2017年第1期，第23～24页。

③ 华婷：《民办高校特色发展的经济学分析》，载于《企业文化旬刊》2016年第11期，第66～67页。

④ 雷萍：《利益相关者参与的民办高校共同治理模式探讨》，载于《浙江树人大学学报》（人文社会科学版）2017年第1期，第30～33页。

段历史时期之内展开针对性的改良优化，以促进相关领域基础研究工作的综合性组织开展水平不断改善提升。

当前国内外的研究内容可以概括为以下几个方面：

一是现有文献从管理学理论、经济学理论等方面对高校治理问题进行了全面系统的研究。在管理学方面重点从构建责任、制衡机制对高校的治理进行了讨论，强调管理边界的划分，责任目标体系的制定与执行。在经济学方面重点从教育产品、教育产业、教育供给和产出等进行了分析，但是这些不同的视角，均较为独立、单一，无法自成体系。同时，当前国内外对于高校治理经济学方面的

① 鞠光宇：《分类管理制度下民办高校的法人治理结构建构研究》，载于《高教探索》2017年第1期，第88~93页。

研究，仅仅局限于公共经济学和管理经济学层面，而对于制度经济学方面的研究成果较少，只能够揭示高校治理问题中的公共服务和管理效能等方面内容，缺少制度经济学理论体系的建立，亟须通过相关研究工作的具体化组织开展，加以改善提升。

二是既有的这些研究表明，民办高校治理的概念内涵较为丰富。国内外的众多文献，从管理学的角度对民办高校的治理进行较为系统的研究，提出了较多的民办高校内部治理的举措。但是对于民办高校治理的本质性规律研究的成果不多。制度经济学作为研究事物的本质制度特点和发展规律的学科，对于民办高校治理提供了新的视角。由于当前国内外研究对于这个方面较为欠缺，因此有必要从制度经济学的角度，从资源配置、制度迁移与创新的视角解决民办高校治理"为什么"和"是什么"的问题，继而为具体组织开展的民办高等院校内部治理结构建设优化工作，创造和提供基础性的指导支持保障条件。

三是现有的国内外研究成果在公办高校与民办高校的差异性方面进行了分析，集中在民办高校与公办高校营利性与公益性的探讨，并在问题分析的基础上提出了一定的对策与建议，主要包括：法人治理的独立性、三会一层的建立、法律、法规、章程的建立和完善、内部人控制问题的解决、内外部监督的合力、利益相关者共同治理等方面。这些成果可以为本书提供一定的借鉴与参考。

2. 国内外研究的基本特点

纵观现有国内外的研究成果，可概括为以下特点：

一是专门化研究较多，系统性研究不够。民办高校的治理结构研究是一个系统化的命题，虽然当前的专题研究成果较为丰富，从管理学、教育学、法学等方面均有研究，在经济学方面集中在公共经济学和管理经济学层面，但是整体上缺少将"民办高校治理"作为一个制度经济的整体和系统来进行研究，无法解释民办高校治理结构的制度性和本质性的问题，尚无法体现出问题研究的内在本质，过于偏重于民办高校的公益性属性，而忽视其经济性属性。我国现有学者在具体参与开展民办高等院校内部治理结构研究工作过程中所展现的重视专门性研究，以及轻视系统性研究的客观思想理念倾向和实践特点，客观上引致我国学者在具体研究分析民办高等院校内部治理结构过程中，无法建构形成针对民办高等院校内部治理结构问题的宏观性理论认知体系，给相关理论研究工作的科学性和系统性水平造成了极其显著的不良影响。

二是学理性研究较多，实证性研究不够。现有的研究大多从理论的角度对民办高校治理结构问题进行了分析，但是缺少理论与实践的结合，大多为文献综述与堆积，以及管理学、教育学、公共经济学、管理经济学等方面理论的验证，缺少将理论与现实问题进行有机的结合，其得出的结论针对性不强，有待于进一步加强。我国现有学者在具体参与开展民办高等院校内部治理结构研究工作过程中所展现的重视理论性研究，以及轻视实证性研究的客观思想理念倾向和实践特点，客观上诱导我国学者在具体研究分析民办高等院校内部治理结构过程中获取的相关结论，无法实现与民办高等院校内部治理结构建设实践工作过程之间的充分对应，在一定程度上给民办高等院校内部治理结构的科学有效建构发展，造成了极其显著的不良影响。

三是单学科研究较多，跨学科研究不够。当前的研究大多是单学科的，或从教育学、或从管理学、或从法学等角度，就教育论教育、就管理论管理、就法律法规论法律法规，尚缺少对本质属性层面的深刻揭示。在我国学者具体组织开展的针对民办高等院校内部治理结构的研究分析工作过程中，由于本身长期存在着跨学科视角研究分析工作缺位现象，因而诱导在具体组织开展的相关理论研究工作实践过程中，难以稳定且顺利地获取到基于宏观性视角和全面性视角背景之下的分析认识，引致现阶段相关领域研究工作过程中实际获取的相关成果，将会难以避免地存在一定表现程度的局限性。

四是现状研究较多，历史研究偏少。当前的研究对民办高校治理结构的历史的探析偏少，虽然将公办高校与民办高校进行了对比，是典型的"横向对比"，但是缺少将历史与现状的对比，在不同时期民办高校治理结构的发展间"纵向对比"成果较少，缺少将我国不同时期的教育政策下的民办高校治理进行对比，而是走入"就事论事"的误区，缺少理论创新与实用性。在民办高等院校内部治理结构理论研究工作实际过程中，切实关注历史性研究工作与现实性研究工作之间的充分有效结合，能够在科学系统有效地完成民办高等院校内部治理结构建设实践工作的今昔对比基础上，全面且充分地感知和认识民办高等院校内部治理结构建设工作历史经验，对当前和今后一段历史时期之内，民办高等院校内部治理结构建设工作提供一定的经验参考和指导价值，切实保障民办高等院校内部治理结构建设工作的科学性和有效性。

五是国内研究较多，国际研究不够。虽然国外对于高校治理结构的研究成果较多，但是广大学者在对我国的民办高校治理结构研究过程中，由于缺少国外与国内的对比，显得理论的应用拓展不足，视野在一定程度上依然较为狭隘，缺少全球观点的形成，以及对于国外民办高校治理成功经验的有效借鉴。因此，在取长补短、理论借鉴方面尚有待于进一步挖掘。在民办高等院校内部治理结构理论研究工作实际过程中，切实关注国外已有研究成果和国内已有研究成果之间的相互对接和相互结合，能够针对国外学者已经获取的基础性研究成果展开全面系统的梳理分析背景之下，全面且充分地发现和感知西方发达国家，在组织开展高等院校内部治理结构建设工作实践过程中所获取的成功经验，从而切实保障和提升我国现有各级民办高等院校，在具体组织开展内部性治理结构建设发展工作实践过程中的科学性，以及规范性。

1.4 概 念 界 定

1.4.1 民办高校

分析民办高等院校的基础性理论概念界定问题，应当优先做好针对民办高等院校，以及公办高等院校，在办学主体、所有制结构和资金支持要素来源渠道等方面的差异化认识和分析工作，继而在具体认识和形成"民办高等院校"的概念界定表述结论过程中，能够稳定且顺利地获取到最优化的预期效果。

根据我国《民办教育促进法》，结合广大学者对于民办高校的研究成果，可以将民办高校定义为由企业事业组织、社会团体及其他社会组织和公民个人利用非国家财政性教育经费，面向社会举办的高等学校及其他教育机构。民办高校的界定可以从三方面来进行：一是从办学主体划分。民办高校的办学主体具有独立法人资格，是由各级政府外的其他社会组织、企业、团体、个体公民筹资举办的高校。遵照《中华人民共和国民办教育促进法》的相关规定：举办民办学校的社会组织，应当具有法人资格；举办民办学校的个人，应当具有政治权利和完全民事行为能力；民办学校应当具备法人条件。二是从所有制成分划分。民办高校是除公有制外的个体经济、私营经济、外资经济、民主党派、社会学术团体、公民个人等其他所有制的经济形式，其所有权归属私人所有。遵照《中华人民共和国民办教育促进法》的相关规定：民办学校应当依法建立内部性财务、会计制度和资产管理制度，并严格按照国家政府有关规定设置会计账簿；民办学校对举办者投入民办学校的资产、国有资产、受赠的财产以及办学积累，享有法人财产权；在民办学校存续期间，所有资产由民办学校依法管理和使用，任何组织和个人不得违规随意侵占或者是挪用；任何组织和个人都不得违反法律条文、法规条文向民办教育事业机构收取或者是索要任何费用；民办学校对接受学历教育的受教育者收取费用的项目和标准由学校结合实际办学实践条件和办学需求具体加以制定，报有关部门批准并对外公示；对其他受教育者收取费用的项目和标准由学校本身结合实际办学实践条件和办学需求具体加以制定，报有关部门备案并对外公示；民办学校收取的费用应当主要用于教育教学活动和改善办学条件，以及基础性科学研究实践工作。民办学校资产的使用和财务管理受审批机关和其他有关部门的监督；民办学校应当在每个会计年度结束时制作系统完整真实的财务会计报告，委托会计师事务所依法进行审计，并且及时对外公布审计结果。三是从资金的主要来源划分。公办高校的资金经费主要来源于政府财政部门和教育行政主管的拨款，而民办高校在经营过程中主要的经费来源于政府以外的其他个体或集体的投资。从这一角度展开具体化的阐释分析，民办高等院校在具体的设置和建设过程中的资金来源渠道本身具备着表现程度较鲜明的多样性和复杂性，在一定程度上给民办高等院校具体组织开展的财务会计管理实践工作，造成了表现程度较为鲜明的压力和挑战，应当引起相关领域一线研究人员的充分关注。

1.4.2　治理结构

在新制度经济学的理论研究工作视角之下，在实现对企业或者是独立社会组织的产权归属和产权结构安排的研究实践工作的背景之下，通常就能够明确性地确定和认识企业或者是独立社会组织的委托人，以及代理人。在上述的理论研究背景支持条件基础上，经济学家可以在已经明确给定委托人主体，以及代理人主体的学理性研究分析实践背景之下，明确认识和分析委托人主体，在针对代理人主体展开激励和干预控制工作过程中的最优化契约安排，继而逐步进入针对公司治理（Corporate Governance）问题的基础性理论研究与分析工作实践层面。从广义性学理分析视角展开具体化的理解和阐释，公司治理实践工作，是为切实保护和维持公司所有者的基本性经济利益获取状态，而具体制定形成的一系列基础性制度安排，是较为广泛地同时包含和吸纳了公司内部产权制度体系、激励约束工作机制、财务会计管理制度，以及企业内部基础文化体系等多元化因素的公司内部性经济利益要素协调机制；而从狭义性学理分析视角展开具体化的理解和阐释，公司治理实践工作，其实质就在于解决现代公司在具体的经营发展过程中所真切面对的"委托—代理"问题，继而为现代公司类企业组织顺利获取到稳定优质的经营发展创造支持保障条件。

　　治理结构是制度经济学领域的重要概念。公司治理结构也被称为法人治理结构。法人治理结构的产生起源于伯利和米恩斯对于解决公司所有权与经营权剥离分层的问题，旨在降低企业的委托代理费用。梅耶则将公司治理定义为："公司治理是对投资者利益的保护手段，是一切与投资者利益相关，并以代理者约束与激励为主要手段的行为。"美国经济学家诺贝尔经济学奖得主威廉姆森对治理结构的定义为："公司治理是对所有权的配置与资本结构、管理者激励等系列制度的统筹与安排，用来提高企业的经营效益，旨在保障所有者权益，促进企业资源的优化配置的重要手段。"[1] 张维迎认为："公司的治理是对公司相关控制权和剩余索取权的系列机制的

---

　　① 隆兴荣：《威廉姆森交易成本经济学述评》，载于《商场现代化》2015 年第 7 期，第 274 页。

安排，公司治理是将企业宏观所有权进行微观的具体化。"① 通过以上的研究，笔者认为治理结构可以定义为：以解决委托—代理问题，保护投资者权益为目标，以优化组织结构、建立权力制衡与激励机制为手段的制度性安排。治理结构是现代企业制度的基础。从狭义层面看，法人治理是指处理投资者与经营者的权限分层，理顺董事会、监事会、管理层、职工代表大会间的关系；从广义的层面看，法人治理包括了一切利益相关者的关系处理。

1.5 研究内容

1.5.1 研究的主要构架

本书共分为九大部分，第一部分为绪论，介绍了研究背景、研究意义，对文献进行了综述，进行了概念界定，阐述了研究内容和方法。第二部分为民办高校结构理论基础。阐述了新制度经济学、社会资本、交易费用、法人治理结构、不完全契约等核心理论。第三部分为民办高校治理结构研究假说与核心问题。第四部分为民办高校治理结构现状。阐述了民办高校的发展历程及治理特点，分析了民办高校治理结构面临的问题。第五部分为制度经济学视角下民办高校治理结构现状及问题。阐述了民办高校治理结构的制度环境的现状，分析了制度经济学视角下民办高校治理结构存在的问题。第六部分为国外私立大学治理结构比较。对英国、美国、日本、德

---

① 张振、张海波：《我国大学治理的研究热点及其知识基础的可视化分析——以 2001～2015 年 CSSCI 来源期刊载文为例》，载于《现代教育科学》2016 年第 9 期，第 118～124 页。

国的私立大学的治理结构进行了分析，找出了国外大学治理结构的经验及启示。第七部分为中国特色民办高校治理结构经济体系的建立。从内部结构治理、外部结构治理两个方面提出了中国特色民办高校治理结构的完善对策。第八部分为完善民办高校治理结构预期经济效益分析。第九部分为研究结论与建议，对全书进行了总结、展望，如图 1 – 1 所示。

图 1 – 1　研究框架

1.5.2　研究的特色

（1）本书引进了制度经济学中有关产权理论、代理理论和制度变迁等理论，从制度的角度分析我国民办高校治理结构现状，尤其是在分析大学发展时引进制度因素，把制度作为改善民办高校治理结构一种重要的内生动力。对处于转型期的我国民办高校的发展战略选择和具体操作，都有很大的理论和实践价值。对制度要素的充分关注，以及对制度要素相关性学理问题的研究的分析，是新制度经济学理论研究工作组织开展过程中的基本特点，新制度经济学家在针对制度要素展开全面系统的研究分析工作过程中，充分明确和揭示了制度因素对现代经济活动具体化组织开展路径的综合性影响干预作用。从具体面对的工作实际体验路径角度展开分析，在民办高等院校内部治理结构研究分析过程中，充分引入运用新制度经济学的理论分析方法，对于相关研究人员充分认知和理解制度因素的经济成本收益效应，改善优化民办高等院校内部治理结构建设工作的科学性和有效性水平，具备极其深远且充足的现实意义。

（2）虽然本书以新制度经济学作为理论基础与出发点，但是在研究过程中，并不是完全拘泥于单纯的制度最优化与效用最大化的新制度经济学，而是将新制度经济学与我国民办高校的"准公共产品经济属性"相结合，与《国家中长期教育改革和发展规划纲要（2010－2020年）》《中华人民共和国国民经济和社会发展第十三个五年规划纲要》相结合，与国家的教育政策相衔接，在民办高校的"公益性"方面分析中尽量回避其经济属性，旨在注重经济效益的同时，更加注重发挥民办高校的社会效益，使理论研究更有实践价值和特色。充分关注和凸显民办高等教育事业，在具体的历史发展实践过程中的公益属性，能够有效督导和促进我国现有的民办高等教育事业从业者，在具体参与民办高等院校日常化学生教学培养工作，以及基础性科学技术研究实践工作过程中，积极且深入充分地关注自身实际承担的工作实践活动任务，在具体组织开展的经济社会建设发展事业实践过程中所发挥的支持和促进作用，扎实督导和促进我国现有民办高等院校任课教师群体和科学研究工作人员，不断建构形成积极服务于真实化经济社会坚实事业的主观意识，保障和支持我国现有的民办高等教育事业，能够稳定且充分地获取到最优化的发展效果。

（3）本书从制度经济学视角对民办高校治理结构进行了研究，构建起民办高校治理结构体系。但是在突出研究的"经济属性"的同时，将民办高校治理结构的经济学研究与公益性相结合，在注重民办高校经济属性的同时，更加注重民办高校的社会公益属性，有效的处理好逐利性与公益性的矛盾关系、处理好短期利益与长远发展的关系。

1.5.3 研究的创新之处

（1）当前教育的"公办化"和"市场化"在我国学术界属于一对矛盾与热点问题。尤其在当前国家放开民办教育领域，鼓励社会资本参与教育投资的形势下，解决好民办高校的公益性与经济学属性间的关系显得更加迫切，民办教育的经济学形态，也深刻影响着社会治理对市场机制和政府机制的选择。因此，本书通过对民办高校的"经济学视角"的研究和解读，更有效地找出我国教育市场化运行的可行性途径，将为未来我国高等教育的发展提供新的思路与借鉴。

（2）本书将民办高校作为重要的市场主体，将外部制度环境作为民办教育发展的重要供给要素，运用制度经济学的理论分析非市场经济体制下资源配置的效率和公平决策问题，是市场化的教育产品"供给侧改革"的重要内容。通过对民办高校治理结构完善，将进一步提高教育产品的供给质量，优化教育要素配置，在提高民办高校边际收益的同时，也将扩大全社会教育产品的有效供给。通过对新制度经济学理论要素的引入运用，探究改善和优化我国现有民办高等院校各类教育资源要素的综合性应用效率的实践方法，是保障和支持现阶段我国民办高等教育事业历史发展水平不断提升的重要实践手段，也是本书研究内容实践性影响价值的重要体现。

（3）本书除了对民办高校的内部治理结构进行经济学分析外，还将民办高校外部政策、法律、法规作为经济学的研究对象，对其现状、问题、改进措施、预期经济收益进行分析，将外部制度环境进行经济学视角的转换，将宏观的问题微观化，实现了新制度经济学理论与实践的创新。

1.6 研 究 方 法

1.6.1 文献资料法

文献资料法的实质，是借由广泛查阅调取文献信息资料的工作实践手段，具体获取、了解以及证明预先设定的具体化研究对象的实践方法。在具体开展文献资料的积累获取工作环节过程中，既可以实现对文献资料文本的完整地保存处理，也可以借由制作数据信息要素备忘卡片、撰写读书摘记或是是读书笔记等具体方式，有重点地且有针对性地采集获取文献中与自身实际设定承担的研究课题直接相关的信息要素部分。

利用实体图书馆和互联网专著、期刊、会议论文等资源，对制度经济学、教育的市场化和经济行为、高校治理结构、高校经济学属性、我国公办和民办高校治理等方面的文献进行搜集、鉴别、整理、利用。通过对文献的研究，形成对民办高校治理结构研究的理论体系基础，为本书的研究提供有力的理论支撑和思路来源。

1.6.2 比较研究法

所谓比较研究法，其基本实质就是针对人与人之间，或者是物品与物品之间的相似性程度，以及差异性程度展开基础性分析判断的研究分析方法。在具体化的学术研究活动组织推进过程中，比较研究法是在严格遵照相关性管理工作实践标准指导约束背景之下，针对两个或者是两个以上的独立化客观事物对象的相互联系关系展开具体化的研究分析，进而找寻和归纳特定化的普遍规律和特殊规律。

在研究过程中，将英国、美国、日本、德国的民办高校治理作为对比对象，与我国民办高校治理结构进行对比分析，通过与国外民办高校治理的对比，总结出值得我国民办高校治理的成功经验，进而是理清研究的基本思路。

1.6.3 历史研究法

历史研究法的实质，是借由引入运用多元化历史资料，按照历史发展的顺序对过去事件进行研究的方法。亦称纵向研究法，是比较研究法的一种具体表现形式。历史研究法在现代技术性学术研究活动具体化组织推进过程中，能够借由对历史性文献研究资料的高效充分阅读分析，全面充分系统地提炼和归纳特定事业领域在以往发展实践过程中获取的历史经验，保障和支持相关事业领域在未来实践发展过程中，能够获取到充分有效的经验指导支持条件。

用历史学方法，通过对历史政策、数据、理论的梳理，更有效地概括和阐释我国民办高等教育的发展历程及其治理模式的转变，从制度经济学的角度，分析与民办高等教育相关的教育立法、教育政策和行政规制措施的变迁路径，根据制度经济学理论，达到以史为鉴的目标，为研究打下坚实的理论基础。

1.6.4　案例分析法

本书将理论分析与实践分析相结合，在理论研究过程中，插入我国具有代表性的民办高校作为具体研究案例，将制度经济学理论应用于现实案例，进而更深刻的揭示民办高校治理中存在的问题，为对策提出的针对性和实效性提供有力的保障。

第2章 民办高校治理结构理论基础

新制度经济学、社会资本、交易费用、法人治理结构、不完全契约等理论是民办高校治理结构重要的理论基础，为新制度经济学视角下民办高校治理提供理论支撑。

2.1 新制度经济学理论

从20世纪60~70年代历史时期以来，以诺贝尔经济学奖得主，美国著名经济学家罗纳德·科斯为代表人物的新制度经济学流派，呈现出了表现状态极其鲜明的异军突起的历史发展态势，并且在特定化历史发展时期之内，切实成为现代西方新自由主义经济学研究实践路径版图中最具有理论吸引力，以及最能诱导和促使传统化经济性理论研究工作，以及政治性理论研究工作，发生深刻性和彻底性演化变革的现代经济学研究实践工作基础分支。

在现有的历史发展背景之下，全世界范围内现有的全部新制度经济学家，通常可以被划分为两个表现特征鲜明的学术理论研究阵营。其一是以经济学家加尔布雷斯、缪尔达尔、海尔布罗纳以及塞缪尔斯等人为主要背景的新制度经济学理论研究阵营。这一学术阵营的经济学家，在具体参与开展的基础性理论研究工作的实践过程中，全面且充分地继承和沿袭了以凡勃仑和密切尔为代表的传统制度经济学家的学理研究思路，其在具体组织参与基础性理论研究工作过程中的主要侧重点，主要集中于制度要素对社会经济生活实践体验过程的影响干预作用，制度要素的进化发展过程，同时这些经济学家还强调和关注了技术因素的发展变化对制度进化演进过程所发挥的影响干预作用。其二是以美国著名经济学家罗纳德·科斯为代表新制度经济学理论研究阵营。这一学术研究阵营的经济学家群体，不仅侧重于基于现实客观物质世界真实存在的问题作为研究出发点，还重点侧重于从微观经济理论分析的研究切入视角，针对制度形态的组成结构、运行机制，以及在参与开展的经济生活实践过程中的影响作用展开研究分析。后一研究阵营与前一研究阵营相对照，其主要是在基于新古典经济学的基础逻辑结构和基础研究方法分前提背景之上，针对制度要素的相关理论问题展开基础研究分析，并且将自身实际获取的相关研究成果，视作对心古典经济学基本理论的发展演化，因而这一新制度经济学理论研究阵营往往更能获取到主流经济学理论研究人员的关注和接纳。在现有的历史发展背景之下，以科斯为代表的新制度经济学理论研究阵营，尚未架构形成系统规范新制度经济学理论研究体系，其主要的内容组成要素，涉及了产权理论、交易成本理论、新经济史理论、代理理论、新产业组织理论以及法与经济理论等多个具体方面。

新制度经济学（The New Institutional Economics）最初是由奥利弗·E. 威廉姆森（Oliver E. Williamson）提出的。新制度经济学主要采用经济学的方法来对制度进行研究。科斯曾对新经济制度学做出定义："新制度经济学是以人在现实制度中的行为的经济学。"①新经济经济学将传统的经济学进行了拓展，在"天赋要素、技术、偏好"三要素的基础上，加入了"制度"要素。纵观新经济制度

① 衣爱东：《新制度经济学的鼻祖——科斯》，载于《农场经济管理》2013 年第 12 期，第 59 页。

学的理论的历史性实践发展演进路径，可以划分为四个阶段。

第一阶段为 20 世纪 30 年代，以凡勃伦、康芒斯和米契尔等为代表的旧制度经济学派。主要滋生于 30 年代资本主义的经济危机，广大学者认为不应仅将制度作为分析经济的一个因素，而要将制度结构进行分解，解决好社会各方利益的制度安排。

第二阶段为 20 世纪 40 年代，由凡勃伦和康芒斯到加尔布雷斯间的由旧制度经济学派向后制度学派过渡阶段。这一阶段贝利和米恩斯将制度问题进行微观化应用，将经济制度应用到的企业制度进行改进探索，推进企业的所有权与控制权相分离，这一阶段的研究为后制度经济学的产生奠定了基础和前提条件。

第三阶段为以加尔布雷斯、缪尔达尔、海尔布伦纳为代表的后制度经济学派。主要由于第二次世界大战结束后，各国经济体系面临着重构。与此同时，各国的生产能力过剩也酝酿了经济危机。在这种形势下，传统的凯恩斯主义经济学基础理论体系受到了学者们的批判，学者们将研究的重点由经济表象的探析，逐步转入将制度深化与经济发展进行的分析。

第四阶段是以科斯、诺思、哈罗德·德姆塞茨为代表的新制度经济学。新制度经济学以产权、交易成本、委托—代理、制度变迁等理论为核心的制度经济学派。新制度经济学与旧制度经济学、后制度经济学的差异性在于，承认经济发展环境中市场摩擦、信息不对称、道德风险、产权与交易成本等问题的存在。将传统的经济学的边际均衡分析法与制度分析法建立了衔接，重点从资源优化配置着手，从更广泛的角度分析经济学收益。新制度经济学将交易成本作为约束变量，对供给与需求的关系进行了制度变迁分析，实现了制度与经济学的有机结合。更加注重对制度环境和治理制度的分析。新制度经济学的这些特征，对于分析民办高校治理结构具有重要的意义，可以作为民办高校治理结构研究的有力工具。

2.2 社会资本理论

社会资本的学理内涵，指涉的是独立人类个体，或者是独立人类实践团体之间的关联——社会网络结构、互惠性规范结构，以及由此产生的信任结构，是人们在真实性社会结构中所占据的具体化空间位置给他们带来的资源收益。社会资本是社会学家首先引入和使用过的一个学理概念形态。

在西方主要发达国家经济社会建设环境中发展生成的社会资本理论，是建立在其市场发育水平不断完善、制度形态不断健全的前在基础支持条件之上的，其具体面对的基础性社会网络要素，以及社会资本要素的建构发展运用，相对而言通常都不会与现存制度要素形态相抵触、以不损坏社会整体性经济利益获取状态为约束条件的，以普遍信任等公民精神为核心支持条件的社会资本要素，为现代历史发展背景之下多元社会形态的建构，构筑和提供了秩序和整合的基础，有利于切实改善提升政府的民主水平和效率水平，并在此基础上推动和助力自发性社会秩序形态的发展形成。

与西方社会不同，对于正处在现代化转型的主权国家与社会形态来说，在社会资本方面一般都面临多重困境，第一，社会的现代化转型使得家庭、社区等传统社会资本遭受侵蚀；第二，市场、法律等制度性社会资本尚未建立或健全，经济社会发展和民主政治缺乏有效的制度支持；第三，在制度化缺乏的情况，"拉关系"等非制度化运作，成为获取资源和减弱不确定性的重要选择，国家与政府垄断大部分社会资源的情况，也往往使得政府部门与官员的腐败与寻租成为常态，促使人们陷入"非生产性努力"的恶性循环。因此，在这些国家与社会中，社会资本往往被看作是个体由以获取资源的

"关系"，社会资本研究也重点关注的是非正式制度性的社会资本。

　　法国学者皮埃尔·布迪厄（P. Bourdier）将经济学的资本与社会学研究相结合，进行了资本的社会化限定。他将资本划分为经济、社会、文化等三个领域，其中社会资本是在社会网络中形成的资本存在方式。[①]詹姆斯·科尔曼（James S. Coleman）提出了社会资本结构的概念。指出："社会资本的流动主要受资源配置的影响，由社会资本配置的变化将会引起社会资本的变化。"[②]林南将社会资源与社会资本建立了联系，认为社会资本是对社会资源的占有和动员的能力。帕特南将社会资本由个体行为上升到集体行为上，并将政治体制与社会资本研究相结合，对社会资本的投资者的行为与民主政治研究相结合。他认为："社会资本不仅是个体经济行为，更是集体的经济性选择，因此社会资本与社会群体的发展密切相关。"[③]然而，社会资本是用经济学的概念来解释人的社会行为与社会关系，有其自身所无法克服的困境。首先，从外部经济制度环境来看。由于经济制度无法完全实现社会资本的优化配置，使得不同的资本无法发挥出和获取到持续性的收益。其次，从"经济人"自身角度来看。随着市场化的进程不断加快，个体的经济行为更加趋于理性化，都在追求边际收益的最大化。而这种对于边际收益的追逐，对于短期收益预期的提升，往往是与整个社会资本的长期积累相违背的。

2.3　交易费用理论

　　新制度经济学理论研究框架体系中的交易成本经济学最早起源

---

　　①　龙欢、王翠绒：《社会资本理论的争辩与整合》，载于《湖南农业大学学报》（社会科学版），2016年第5期，第49~54页。

　　②　马玎：《基于社会资本结构视角的协同创新测度研究》，载于《科技创业月刊》2015年第12期，第1~2页。

　　③　张少平：《突破二元对立困境的社会资本理论研究——评林南的社会资本理论的理论视野》，载于《徐州工程学院学报》（社会科学版），2009年第5期，第5~9页。

于 20 世纪 30 年代历史时期。且有基础性理论研究文献报告资料显示，从 70 年代历史时期以降，交易成本经济学正在逐步成为现代理论经济学研究实践工作历史性发展演进过程中的一个极其活跃且繁荣的分支流派，在一定历史时期之内给全世界范围内具备稳定充分的专业性知识素养的主流性青年经济学家的核心性学术理论思想，以及基础研究活动的实践发展体验方向，均造成了显著且深刻的影响干预作用。文献报告分析资料揭示，有为数繁多的早期主流经济学家、组织学家以及法学家的基本性学术理论研究思想认知体系，均对交易成本经济学派基础理论初始化形成，以及历史性发展演进过程的具体路径，发挥过一定表现程度的影响干预作用，比如奈特创建并且提出的"道德危机"理论、康芒斯创建并且提出的"制度"理论、巴纳德创建并且提出的"组织"理论，以及芦埃创立并且提出的"契约"理论等。

交易费用是现代产权制度建立的前提和条件。自科斯（1937）在《企业的性质》中对交易费用进行研究后，交易费用已逐渐成为新制度经济学重要的理论组成。根据交易费用理论，在一定的经济制度环境中，由于信息的不对称性和机会主义、交易风险等方面的存在，使得交易费用不断增加，影响了交易的进行。西方传统的经济学认为市场的自发功能能够有效地配置社会资源。但是随着资本主义经济危机的来临，西方经济学者渐渐发现"市场不是万能的"，是存在巨大的"交易费用"的。利用市场机制是拥有一定成本的，为了维护"市场活动"的正常运行，必然会由于合同的履行、价格的商议、承诺与保障等方面的影响，产生一定的交易成本，这就需要市场主体来尽量降低交易成本。

经济学家科斯在研究"交易费用"问题过程中的基本思想大致概括如下：（1）明确指出零交易成本学理研究情形形成和存在的局限性；（2）研究分析交易成本因素普遍存在的真实社会形态；（3）源于独立经济组织的理论假设条款与现实存在的客观实践之间

具备密切的相互关联特征，以及所有现存的可行的组织形态，都有一定表现程度的缺陷性，因而倡导借由制度性比较分析的理论方法，考察确定具备可行性学理属性特征的不同制度形态之间的相互替代实践可能性；（4）上述行为决定于对契约要素、契约过程要素、组织要素的系统性微观化分析研究。

根据经济学家科斯、威廉姆森、马修斯等人对交易费用的划分，分别可以划分为"发展相对价格费用、谈判和签约费用；事前交易费用与事后交易费用；事前合同准备费用和事会监督执行费用；市场型交易费用、管理型交易费用、政治型交易费用"。广大学者对交易费用理论进行研究后，得出以下结论：一是市场和市场主体间拥有不同的交易机制，在每个交易单元中涵盖了不同的交易要素；二是市场交易费用和市场主体间是一种互相依存的关系，并且交易费用的存在将会助推市场失灵的产生；三是市场主体通过治理结构的创新，来降低交易费用，能够有效地促进企业经营体系的优化。

交易费用的产生是有条件的（且通常认为这些条件具备表现程度显著的多样性和复杂性），但终其产生的原因，笔者较为认同科斯与威廉姆森对于交易费用产生原因的分析。一是交易的稀缺性。稀缺性是交易费用产生的重要前提，并且将交易费用进行放大。二是交易的不确定性与竞争性。由于在市场交易过程中信息不对称的存在，交易的双方在对价格识别、谈判与签约过程中的不确定性因素较多，加之交易物品的技术、质量特性、资产专用性程度、潜在竞争者的存在等方面的影响，使得交易费用有所增加。三是市场主体的有限理性。所谓有限理性主要指投资的投机性以及交易的机会主义，使得不同市场主体在交易过程中，难免出现投机取巧，导致市场主体增加了对交易的识别与判断的成本。

2.4　法人治理结构理论

　　所谓法人治理结构，有时也被部分研究人员称作公司治理（Corporate Governance）结构，是现代企业组织内部制度体系历史演进过程中生成和展现的一种最为重要的企业组织内部架构表现形态。基于狭义化学理分析视角之下的公司治理结构，主要指的是公司企业组织内部股东、董事、监事以及经理层等多方主体之间的相互关系结构，而基于广义化学理分析视角之下的公司治理结构，通常还会包含和涉及其他多种具体表现类型的利益相关者主体（如企业员工、对象客户、存款人和社会公众等）之间的相互关系结构。公司组织作为独立存在的法人形态，也就是作为由我国现代法律法规条文赋予了人格的团体人要素、实体人要素，需要建构和拥有相适应的组织体制和管理机构，使之切实具有和保障长期稳定且充分的决策能力、管理能力，行使权利，承担责任，从而使公司法人能有效地活动起来，因而从这一基础性理论分析实践视角展开具体阐释，法人治理结构在现代公司性企业组织的经营发展实践过程中具备极其深远的影响约制作用，是现代公司制度发展建设实践过程中的核心要素。

　　根据学者的研究及经济合作与发展组织（OECD）的《公司治理结构原则》和《中华人民共和国公司法》等法律规定，法人治理结构可以划分为四个部分。一是股东会或者股东大会。股东是企业的主要投资者，对企业拥有所有权，通常也是企业的最高权力机构。二是董事会。董事会源自于股东代表大会，是代表广大股东行使企业的决策权与监督权的机会，其目标在于维护广大股东的共同利益。三是监事会。监事会主要由职工代表大会选举，代表所有利益相关者来对企业的管理层进行监督，并将监督的结果及时向广大股东进行汇报，做好企业的内部控制情况的监管。四是经理。经理是企业管理层的代表，负责整个企业的经营和管理，行使好股东的委托代理职能，执行好董事会和职工代表大会的相关决策。

法人治理结构需要重点解决好企业的两个基本层面的问题：一是保障广大投资者的投资回报率。在委托代理的条件下，由管理层负责对企业的经营资源进行调度，对企业的行为进行组织。尤其在股权相对分散的情况下，广大投资者往往无法直接行使控制权，这就使得对管理层的监管，防止内部人控制，保障股东的利益，成为广大企业面临的重要问题。二是做好企业经营内部各利益相关者关系的协调。通过有效的法人治理，处理好企业股东、管理层、普通职工各个利益相关者的关系，在企业的战略层面形成经营合力。

2.5 不完全契约理论

契约理论的实质，是研究在特定交易环境下来分析不同合同人之间的经济行为与结果，往往需要通过假定条件在一定程度上简化交易属性，建立模型来分析并得出理论观点。而现实交易的复杂性，很难由统一的模型来概括，从而形成从不同的侧重点来分析特定交易的契约理论学派。

北京时间 2016 年 10 月 10 日 17 时 45 分，瑞典皇家科学院揭晓了 2016 年的诺贝尔经济学奖获得者。来自美国两所高校的教授奥利弗·哈特和本特·霍尔姆斯特伦因为在契约理论方面的研究贡献分享这一殊荣。诺贝尔经济学奖评选委员会当天发表声明说，两名获奖者创建的新契约理论工具对于理解现实生活中的契约与制度，以及契约设计中的潜在缺陷十分具有价值。这一奖项的颁发，充分证实了契约理论在现代西方经济学理论研究发展体系中的重要地位和深刻影响作用。

契约理论是在特定的环境下来分析不同合同人之间的经济行为的理论。契约理论是自由市场经济的理论基础。科斯（Ronald H. Cosse，1937）在《企业的性质》中指出：通过契约的签订，可以有效地解决交易费用过高的问题。① 如果说产权理论研究权力的归属、分配；那么契约则是研究交易的公平合理与效能的理论。契约是交易各方为了追求经济利益的最大化，是在某种交易规则下形成的权利与义务的归属。

不完全契约理论是从"完全契约"理论中发展出来的。完全契约理论假设契约是完全的（Complete），能够将交易双方契约期内可能发生的重要事件完全预见。完全契约理论是以经济主体的完全理性为前提的，并将市场交易环境设定为完全竞争的市场。但是由于市场环境通常不是完全竞争的，并且经济主体也不是完全理性的，因此完全契约在现实市场经济中并不存在，不完全契约理论也随之产生。科斯首次提出了不完全契约理论，他指出："交易双方的拟定的契约的不可能完全性，加之关于商品或劳务供给的契约期限越长，不可能在合同中明确双方交易过程中的不可预见的事件，因此有必要对不完全契约进行研究。"

此后，威廉姆森（Williamson，1979）、克莱因（Klein，1980）、维尔（Shavell，1980）和戴伊（Dye，1985）也都明确提到了契约的不完全性，同时，格罗斯曼和哈特（Grossman and Hart，1986）、哈特和摩尔（Moore，1990）建立了数学模型（GHM），将不完全契约理论进行了量化。GHM模型的主要观点为：一是对于资产的所有者而言，最关键的因素不在于经营权的取得，而在于对于资产的控制权；二是非人力所有者的控制权是企业治理的重要问题。

---

① 奥利弗·E.威廉姆森、西德尼·G.温特：《企业的性质》，商务印书馆2007年版，第69~70页。

第3章 民办高校治理结构研究假说与核心问题

在对新制度经济学、社会资本、交易费用、法人治理结构、不完全契约等理论进行研究后，有必要在此基础上设立民办高校治理结构的假说，并探析民办高校治理结构的前提、依据、属性、重点等核心问题。

3.1 研 究 假 说

3.1.1 民办高校的经济人假说

遵照现代经济学基本理论。经济人即假定人思考和行为都是目标理性的，唯一试图获得的经济好处就是物质性补偿的最大化。

亚当·斯密在《国富论》中提出了"经济人"的概念，经济人假设是制度经济学的重要前提。他认为经济性和自营性是人的本性，追求自身利益的最大化是经济行为的重要目标。[①] 个体对自身

---

① 亚当·斯密著，谢宗林、李华夏译：《国富论（全译本）》，中央编译出版社 2010 年版，第 96～97 页。

利益的追求使得在市场自由竞争这种"看不见的手"的作用下，达到了整个社会效益的最大化。对"经济人"的假设，是目前西方主流经济学对于人性的假设，更是对于市场主体研究的重要出发点。从制度经济学的角度，无论是交易成本、产权理论还是契约、委托代理理论，都是以"经济人"假设作为基点。刘元芳、栗红、任增元等学者（2012）在《"经济人"假设与大学治理的思考》一文中指出："经济人假设是高校治理的理论体系的根源，只有承认高校治理的经济人属性，才能够体现高校治理的人性合法性。"①

综合学者的研究成果，笔者认为，民办高校具有"经济人"的逐利性的本质，体现为民办高校对于经济利益的追求。对于民办高校来说，主要通过学费的收入来获得经济收益。学生是民办高校的"消费者"，而民办高校为学生提供教育产品和服务。民办高校在"经济人"条件假设下，着力实现成本最小化和效益最大化。在民办高校治理结构中，以"经济人"假设作为前提，充分的尊重民办高校自利性倾向。与公办高校的公益性属性相比，民办高校的营利性特点更加明显，对于民办高校的治理结构起到基础性和决定性的作用。

在民办高等院校内部治理结构建构过程中积极引入，以及建设形成"经济人"基本假设，主要目的在于充分关注和彰显我国现代各级民办高等院校，在具体组织开展日常化在校学生群体教学培养工作，以及基础性科学技术研究工作实践过程中的经济逐利属性，督导我国现有的各级民办高等院校，在具体组织开展日常化在校学生群体教学培养工作，以及基础性科学技术研究工作实践过程中，能够实现对目前占有和控制的各类教育资源要素的高效充分的调度和运用，在切实改善提升我国民办高等院校内部治理结构建设工作的科学性和有效性水平背景之下，保障和支持我国民办高等教育事

---

① 刘元芳、栗红、任增元：《"经济人"假设与大学治理的思考》，载于《现代大学教育》2012年第2期，第40～44页。

业实现良好有序的历史发展。

3.1.2　民办高校产品和生产方式假说

民办高校为学生提供教育产品，其产品提供的生产方式就是民办高校的办学与人才培养模式。民办高校的教育产品（教育服务）具有消费的特殊性。一方面，从民办高校产品生产的直接效用上看，民办高校的教育产品为消费者（受教育者）传授知识，培养学生的基础能力，促进学生的自身整体素质的全面提高，为学生的未来就业打下坚实的基础。根据民办高校产品供给的直接效用，教育产品的提供具有一定的竞争性和排他性，因为教育的边际成本会随着受教育者数量的增加而增加，降低原有的学校师资力量、教育水平、教学设施的使用率等；另一方面，从民办高校产品生产的间接效用上看，民办高校的教育产品的提供，使得受教育者为社会服务的效用不断放大，解决就业市场的人才需求，使得受教育者能够拥有更高的社会地位，为社会做出更大的贡献，促进整个社会发展的经济建设。根据民办高校产品供给的间接效用，虽然教育产品和服务使得受教育者的能力和素质得到了提升，但是民办高校的教育产品和服务也使得社会整体的文化素质得到了提高，促进了社会经济的发展，使得整个社会受益，因此民办高校产品供给的间接效用又具有非竞争性和非排他性，具有一定的准公共产品的性质。就如美国经济学家詹姆斯·布坎南对教育产品进行研究后得出的结论：教育产品具有公共产品的属性。

从我国现代民办高等教育事业的历史性发展演进路径角度展开分析。与普通高校一样，民办高校也具有准公共产品的性质。民办高校的产权具有私人属性，民办高校通过学费来进行经济收益，并为学生提供教育产品和服务。与公办高校相比，民办高校的经营权更加灵活，市场化更加深入。但是与此同时，民办高校除了经济属性外，还通过为社会培养合格的人才，来解决社会就业问题，为社会提供更多的教育资源，具有公共产品属性。根据公共产品理论，"效用的统一性和不可分割、消费的非竞争性、收益的非排他性"是公共产品的重要特征。[①] 民办高校在以经济效益为经营目标的同时，也在为社会提供溢出性较高的消费结果，使得民办高校不仅对受教育者提供教育服务，同时受教育者素质的提高也能够产生社会效益，对于提高全民素质具有重要的作用。因此，民办高校的教育产品既可以满足受教育者的需求，又能够满足社会的需要，因此是一种共同存在于私人产品与公共产品的"准公共产品"。

3.1.3 民办高校的制度变迁假说

制度变迁的基本内涵，泛指制度形态具体发生的替代过程、转换过程以及交易过程。制度变迁的实质，是一种具备更高效率获取水平的制度形态，对另一种制度形态所具体实现的替代实践过程。遵照经济学家诺思的基本观点，制度变迁，是具体化的制度形态在发生不均衡问题的时间节点背景之下，经济实践活动主体为追求和获取到更好的经济利益机会，而具体实施的自发性社会实践行为。遵照我国著名经济学家林毅夫先生给出的相关性理论阐释，制度变迁包含两个具体方面的理论性内涵指涉，即人们在面对制度不均衡实践演化背景之下，所做出的为追求获取潜在性最优利益而实施的自发性制度变迁实践行为，以及国家主体在追求租金最大化目标和产出最大化目标的实践过程中，借由制定实施具体化政策法令的手段所完成的强制性制度变迁。

---

① 赵艳芹、宁丽新、朱翠兰：《西方公共产品理论述评》，载于《商业经济研究》2008年第28期，第70页。

　　经济学家戴维斯和诺思是最早针对制度变迁问题的基本概念内涵，以及引致原因展开系统化研究分析的新制度经济学派学者。遵照戴维斯和诺思撰写和发布的基础性理论观点，一项新的制度安排结构形态，之所以能够发展形成和长期存在，是因为经济实践活动参与主体认为该项制度形态的预期收益获取规模，明显高于预先投入的经济成本。在现有的实践性历史发展背景之下，有为数繁多的外部性事件或者是外部性影响干预因素，都能够诱导经济利润的生成和涌现，但是已有的长期存在的经济制度安排结构，通常无法确保人们实现对相关性制度要素的直接充分获取，在一定程度上需要借由制度变迁或者是制度创新的实践手段，切实形成规模经济效应，实现对基础外部性经济要素的内生性转化，规避各类已有的经济活动实践体验风险，在降低实际发生的交易成本数值规模背景之下，保障和支持独立经济主体的经济收益获取规模实现有效且充分的拓展优化。

　　制度变迁是新制度经济学研究的重要问题，也作为民办高校治理结构的假设。根据新制度经济学理论，制度作为约束经济主体行为的重要约束，能够有效地调节经济行为和关系，形成固定的规范与秩序。美国学者道格拉斯·诺思指出："经济的发展关键在于制度的完善，如果现有的制度无法满足市场交易的要求，那么现有的制度则面临着变化与迁移，直到制度更加适应市场的需要。"① 关于高校制度的作用，捷克教育家夸美纽斯（JohannAmos Comenius）指出："高校的制度决定着学校的经营与教育质量"。对于民办高校来说，制度是保障其通过正常运营的重要条件，是民办高校的内生性资源，良好的制度能够进一步降低民办高校的交易成本、明确民办高校产权、形成投资者与经营者稳定的契约关系，促进高校办学效能的最大化。但是与此同时，民办高校的制度并不是一成不变的，而是随着外部条件的变化与时间的推移而发生着不断的适应性变

---

　　① 道格拉斯·C·诺思：《经济史中的结构与变迁》，上海三联书店 2014 年版，第 89～90 页。

化。民办高校的制度变迁是新的制度替代旧的制度，形成新的交易、转换与创新的过程，是民办高校内部各类资源要素结构性调整的动力，有利于实现民办高校资源的优化配置，增强经营活动力。当民办高校的"制度变迁的预期净收益超过预期的成本"时，发生制度的变迁成为一种潜在的趋势。

3.1.4 民办高校的产权假说

在新制度经济学家针对"产权"问题展开的理论分析过程中，对产权起源问题的论述分析，是现代产权理论在形成和演化过程中的重点论述内容。经济学家麦克洛斯基（1985）阐释，20世纪初期美国的制度主义学派经济学家，以及德国历史学派经济学家，曾经集中性地在其学术研究论著中，明确阐释了现代经济学研究理论中，关于财产起源问题相关理论研究论述的缺失性，从而无法实现对现代国民经济长期发展问题的充分理解和揭示。在上述基础性学术研究工作的前提背景之下。从20世纪60年代后期时间阶段开始，全世界范围内接连有一定数量比例的经济学研究学者，借由对新古典经济学理论的引入运用，针对财产要素的起源问题展开了基础性的理论分析，并在此基础上有效且充分地弥补和补充了相关理论研究工作领域的缺陷和不足。在基于宏观性学理分析的实践背景之下，人们通常趋向于将上述关于财产企业研究工作过程中获取的理论成果，描述定位为原始产权理论。因为这些理论性研究成果在具体分析和描述排他性产权要素的历史发展路径过程中，尚未实现对同时包含政治制度因素和社会制度因素的理论分析模型的建构发展目标。

产权是物与人之间的权属关系，是由物的存在及关于它们的使用所引起的人们之间相互认可的行为的总和。我国新制度经济学家卢现祥对国外专家学者的理论进行了总结与归纳，将产权定义为：

"产权是表明人与物之间关系的集合，产权的出现旨在消除'外部不经济'现象。"① 美国的经济学家诺贝尔经济学奖得主科斯将产权理论定义为："一切经济活动都是在一定的制度规范条件下进行的，而这种制度规范的实质则是人们之间权力的界定。"对于民办高校来说，产权问题就是财产权的归属关系问题，解决好产权与所有权、经营权、使用权、收益权、处置权的关系，进一步优化民办高校产权结构，设置好产权制度。通过产权问题的探析，能有效地解决外部不经济问题，实现民办高校资源的有效配置。我国《民办教育促进法》第三十五条和三十六条规定："民办学校对举办者投入民办学校的资产、国有资产、受赠的财产以及办学积累，享有法人财产权。民办学校存续期间，所有资产由民办学校依法管理和使用，任何组织和个人不得侵占"。② 从经济学的角度看，根据科斯定理，由于交易费用的存在，只有明晰民办高校的产权，才能够实现资源配置效率的最大化。民办高校作为独立的法人，民办高校的产权主要是保护投资者对于财产的所有权，包括对于民办高校财产的占有、使用、收益与处置权利。民办高校产权假说，是研究制度经济学下民办高校治理结构的重要基础条件。针对我国现代民办高等院校的产权问题，展开全面认识和系统化的理论分析，对于切实保障和支持我国民办高等院校在具体组织进行内部治理结构建设和强化工作过程中，顺利获取到最优化的治理预期效果，具有较为充分的现实影响和实际意义。

3.1.5　民办高校的契约假说

契约理论的实质，是研究在特定交易环境下来分析不同合同人之间的经济行为与结果，往往需要通过假定条件在一定程度上简化

---

① 卢现祥：《西方新制度经济学》，中国发展出版社 2003 年版，第 89～91 页。
② 中华人民共和国民办教育促进法 ［Z］. 2016. 11. 7.

交易属性，建立模型来分析并得出理论观点。而现实交易的复杂性，很难由统一的模型来概括，从而形成从不同的侧重点来分析特定交易的契约理论学派。

在现代经济活动的具体实践体验过程中，契约关系当事人所追求的纠纷解决目标都可以归结为经济学意义上的利益最大化。民办高校的治理结构首先是投资者与经营者的契约关系，经营者受投资者的委托，负责学校的经营，对董事会的决策进行执行，提高学校的竞争力水平，同时自己也获得应有的薪酬。经营者与民办高校的投资者存在委托代理关系，在非完全信息下的条件下，经营者需要本着对投资者负责的态度，对学校进行管理，并有受到投资者监督的义务，保障民办高校的投资者的利益。其次，根据民办高校的契约假说，民办高校治理的参与者不应只是广大股东，而应是与一切与民办高校所有具有"契约"关系者。民办高校的治理主体不但包括投资者，更包括广大教职员工、学生等一切的利益相关者，以及有社会责任关系的教育行政主管部门等。

3.1.6　民办高校的委托—代理假说

根据委托—代理假说，把委托—代理作为民办高校所有者和管理者利益的冲突作为立论的依据。民办高校的委托代理所处的条件是"信息不对称"的，即在信息不对称的情况下，民办高校的所有权益者通过选举委托代理人的方式，来进行学校的管理。在民办高校的经营过程中，由于所有者与经营者的信息不对称，使得普通股东无法有效的了解企业的真正经营情况、财务状况，这种信息不对称成为损害所有者利益的重要根源。因此民办高校治理的重要目标之一就是为了减小委托代理成本，不但要提高高校所有权人的收益，更要缩小代理成本与民办高校利润间的差异。委托—代理是对民办高校治理的核心问题之一，主要用来进行代理人的选择与激励，使得民办高校的代理人能够全心全意为投资者负责，实现委托人和代理人的目标一致。根据委托—代理假说，民办高校的治理过程中，要明确权、责、利相关契约关系的基础上，实现对代理人更有效的监督，加强代理人的激励，实现代理人的职业目标与学校发展目标相一致，有效的规避代理风险，保障委托人利益的最大化。

借由对"委托—代理"业务运作机制在高等院校内部治理工作实践领域的具体化引入运用，能够在借由第三方主体具体化组织开展高等内部治理工作实践过程中，切实且充分地规避高等院校内部各利益相关主体，对具体制定实施的高等院校内部治理制度体系的影响干预作用，保障和支持高等院校内部现有的治理工作人员，能够独立且充分地发挥自身在具体参与高等院校内部治理工作实践过程中的基础工作职能，以及基本性工作任务，确保在科学有效充分组织开展高等院校内部治理工作实践过程中，保障和支持高等院校日常化学生教学培养工作以及高等院校基础性科学研究工作，能够良好顺畅有序地组织开展，并且获取到最优化的预期效果。

3.2　民办高校治理结构的核心问题

3.2.1　民办高校治理前提

1. 民办高校的营利性

根据民办高校的"经济人"、制度变迁、产权、契约、委托—

代理等限定和假设，民办高校作为市场主体，其治理结构需要以承认其营利性为前提。营利性是指市场主体为了获得利润而采取的经营活动，是其获得资本和收益的性质。《现代汉语词典》对营利的解释为"追求利润"。根据《中华人民共和国公司法》，企业的营利性也被称为企业的主观商业行为，是企业以获取利润为目标的买卖、承揽、服务、运送、代理与居间、商事保险等经营活动。民办高校的营利性是出资者或股东依法可以分配民办高校的经营利润和清算后的剩余财产。营利性与民办资本运作相关联，强调民办高校的所有者权益，是财产转变为资本的过程。

2. 民办高校的公益性

从民办高校产品和生产方式可以看出，民办高校的教育产品的间接效用体现在为全社会输出合格人才，为社会经济发展提供重要动力，因此民办高校的教育产品拥有"公共产品"的属性。符合萨缪尔森在《公共支出的纯理论》中指出的公共产品具有效用的间接性、消费的非竞争性和受益的非排他性等特征。[1] 民办高校的公益性是指高校在发展过程中，实现利润最大化的同时，更加注重为社会提供教育公共产品和公共服务。民办高校的公益性具有外在性、社会性、共享性等特征。民办高校的投资收益同时体现在社会方面，而非完全的经济方面，并且其教育产品—培养合格的劳动者，是能够由全社会共享的，其受益面较宽、影响较为深远等特点。因此，公益性也是民办高校治理的重要前提。

---

[1] Paul A. Samuelson, "The Pure Theory of Public Expenditure", The Review of Economics and Statistics, 1994, (04): 387–389.

3.2.2　民办高校治理现状

制度经济学视角下，民办高校治理现状可以从民办高校治理结构的制度环境的构成要素、民办高校治理结构的制度环境的运行机制两个方面进行探讨。

1. 民办高校治理结构的制度环境的构成要素

从宏观制度方面看，民办高校治理结构的制度环境的构成要素主要包括国家相关法律法规的制定出台，及相关民办高校治理政策措施的执行情况等。在国家出台的民办高校相关的法律、法规与政策，对民办高校的性质、地位进行了明确。在国家层面的引导与支持下，民办高校获得了发展的"合法性"。我国许多省、市都出台了支持民办高校发展的相关意见，将民办高校的支持政策进一步落实。在微观制度方面，主要包括产权制度、决策、执行、监督制度等方面内容。民办高校的产权制度主要是对举办者、投资者、管理层的权利保护与义务界定；决策制度是民办高校在享有充分的法人财产权的情况下，对教育产品和服务的生产经济活动作出抉择的制度；执行制度是指对民办高校的决策进行的贯彻和落实；监督制度是相关利益主体对民办高校进行的监督制度。

我国现有的各级别民办高等院校，在具体组织开展的内部治理结构建设发展工作实践过程中，应当严格遵循以《中华人民共和国民办教育促进法》在内的，一系列法律法规，以及相关领域的部门性管理规章制度，切实保障和支持具体建构形成的民办高等院校内部治理结构，在充分满足民办高等院校内部治理工作实际需求背景之下，能够具备稳定且充分的科学性和系统性，继而保障和支持在具体化组织开展的民办高等院校内部治理工作实践过程中，能够稳定且顺利地获取到最优化的预期效果，助力我国现代民办高等教育事业的长期稳定历史发展。

2. 民办高校治理结构的制度环境的运行机制

民办高校的运行机制也可以通过宏观和微观两个层面来进行揭示。在宏观运行机制方面，我国民办高校治理制度环境的运行机制主要包括政府管理机制、法律法规机制、市场与行业机制等方面。政府通过对民办高校治理结构的宏观管理和调控来解决市场失灵问题，规定民办高校市场；对法律法规进行细化，加强法律法规的针对性；推进民办高校的市场与行业调节机制的建立。在微观运行机制方面。包括内部治理的决策、执行、监督机制的建立等内容，民办高校的决策、执行、监督机制是对决策、执行、监督制度的细化与量化，是民办高校决策、执行、监督制度在结构治理过程中运行的具体体现。

3.2.3 民办高校治理依据

1. 法律依据

作为市场主体，我国的《公司法》也是民办高校的治理的重要依据。在《公司法》中，对企业的组织机构、股权转让、股东大会、董事会、监事会、股份的发行、转让、内部控制、企业的合并、分立、增减资、法律责任等方面进行了明确规定。同时，我国《民办教育促进法》也是民办高校治理的重要依据，并且可以直接指导民办高校的治理实践。在《民办教育促进法》中，对民办高校的治理结构进行了阐释，第十九条（民办学校应当设立学校理事会、董事会或者其他形式的决策机构）、二十条（学校理事会或者董事会由举办者或者其代表、校长、教职工代表等人员组成，其中三分之一以上的理事或者董事应当具有五年以上教育教学经验；学校理事会或者董事会由五人以上组成，设理事长或者董事长一人。理事长、理事或者董事长、董事名单报审批机关备案）、二十一条（学校理事会或者董事会行使下列职权：聘任和解聘校长；修改学校章程和制定学校的规章制度；制定发展规划，批准年度工作计划；筹集办学经费，审核预算、决算；决定教职工的编制定额和工资标准；决定学校的分立、合并、终止；决定其他重大事项。其他形式决策机构的职权参照本条规定执行）、二十二条（民办学校的法定代表人由理事长、董事长或者校长担任）、二十三条（民办学校参照同级同类公办学校校长任职的条件聘任校长，年龄可以适当放宽）、二十四条（民办学校校长负责学校的教育教学和行政管理工作，行使下列职权：执行学校理事会、董事会或者其他形式决策机构的决定；实施发展规划，拟订年度工作计划、财务预算和学校规章制度；聘任和解聘学校工作人员，实施奖惩；组织教育教学、科学研究活动，保证教育教学质量；负责学校日常管理工作；学校理事会、董事会或者其他形式决策机构的其他授权）对民办高校的董事会（理事会）的成立、选举、人员构成、权限、法定代表人、校长的聘任、职权等方面进行了明确的规定。

2. 法规条例依据

对于民办高校的治理，《民办教育促进法实施条例》等相关法规条例对于民办高校治理结构进行了规定。《民办教育促进法实施条例》中对民办学校的举办者、民办学校的设立、章程进行了详细的阐述。尤其在《民办教育促进法实施条例》第 14 条中，对学校的名称、办学的层次、形式、学校资产的构成、三会一层的建立、投资回报等方面进行了说明。① 与此同时，我国的《教育法》《高等教育法》《民办教育促进法》及其实施条例以及《民办非企业单位登记管理暂行条例》等相关法律法规中，也对民办高校治理的相关内容进行了规定。这些都将作为民办高校治理的重要依据。

3.2.4　民办高校治理的属性

1. 制度属性

根据美国大经济学家威廉姆森对治理结构的阐述："公司治理是对所有权的配置与资本结构、管理者激励等系列制度的统筹与安排，用来提高企业的经营效益，旨在保障所有者权益，促进企业资源的优化配置的重要手段。"公司治理的本质是制度的安排，因此制度属性是民办高校治理的重要属性。根据制度变迁理论，民办高校的治理就是对原有制度不断进行改变和更新的过程，进而促进民办高校各类资源的优化配置，提高民办高校的经营效率，更好地保障所有利益相关者的权益。

2. 系统属性

民办高校的治理是不是单一的内部控制问题的解决以及信息的及时披露，而是需要各个部门密切配合、各个环节环环相扣的系统

---

① 《中华人民共和国民办教育促进法实施条例》，2004 年 4 月 1 日。

化工程。民办高校的治理包括产权的明确、委托代理合同的签订、执行、监督、反馈、学校经营信息的共享等各方面内容。高校的董事会、监事会、职工代表大会、管理层（教育部门、招生部门、财务部门、后勤部门）等各个部门间在治理中要密切配合、不留死角，才能够提高治理的效能。

3. 交叉属性

民办高校的治理具有交叉的属性。从制度经济学的角度看，民办高校的产权、交易成本、契约、委托—代理间等行为不是自成体系的，而是互相交叉的。例如，民办高校的产权界定，对民办高校财产的占有、使用、收益与处置权进行明确，旨在降低交易成本，推进民办高校资源配置效率的提高。又如，民办高校契约的执行，需要建立稳定的委托—代理关系，需要在明确权、责、利相关契约关系的基础上，加强对代理人的控制与监督。

3.2.5　民办高校的治理方式

结合国内外关于民办高校治理的研究成果和新制度经济学相关理论，民办高校的治理重点可以划分为内部结构的治理和外部结构的治理两个方面。

1. 内部结构的治理

一是明确民办高校的产权。要完善民办高校的治理结构机制，就必须对产权进行明确，最大限度的保护投资者权益，规范出资人、举办者、学校管理者各方权利主体的行为，使得民办高校的产权归属与结构更加明确。二是建立稳定的契约与委托—代理关系。推进民办高校的所有权与经营权进一步剥离，完善"职业经理人"制度，建立以"所有权—法人财产权—经营权"模式为中心，"决策权、执行权、监督权"三权分立、相互制衡的治理结构制度，形成的责权利划分、制衡关系和配套体系，使治理结构的责权更加明晰，各主体间相互制衡，从而通过治理结构的改造实现民办高校的价值最大化。三是推进利益相关者共同进行治理。除了投资者外，还要进一步推进广大教职员工、学生等利益相关者共同治理的机制，最大限制的保障利益相关者的权益。四是加强民办高校的信息披露。提高民办高校经营管理的"透明度"。建立专门的信息公开体系，推进经营管理的"透明度"的提高，有效的解决民办高校的"信息不对称"问题，以更好地实现健康经营。进一步明确民办高校经营信息的收集、传递、分析、处理和反馈过程、方法，将信息的沟通贯穿于各个环节。五是改进民办高校教育产品的生产方式。加强民办高校教育质量的改进，创新人才培养模式，提高人才培养效率。通过教育质量的改进，改进民办高校教育产品的边际收益，全面提高民办高校的品牌影响力和核心竞争力。

2. 外部结构的治理

做好民办高校的治理，除了内部治理外，还要加强外部治理。一要优化外部结构的治理环境，决民办高等教育发展的合法性、公平性和有序性问题，促进社会资本注入民办教育。进一步优化民办高校的行业准入标准、审批流程等方面的法律法规，进一步加强对民办高校法规建设的针对性，为民办高校治理提供法制依据。通过民办高校办学环境的优化，吸引更多的民间资本投资民办教育，推进民办教育的市场化和产业化进程。二要推进民办教育体制改革，助力民办高校制度变迁。进一步转变政府的角色和功能，构建市场经济条件下的新型政校关系。加强民办教育的规划与政策制定，推进全社会的民办教育改革，通过体制机制的创新，来实现民办高校制度变迁。使得民办高校的产权、交易、委托—代理、信息披露等制度更适合民办高校的治理。三要大力发展中介组织，降低民办高校交易成本。加快发展民办高校的行业中介组织，利用行业协会的作用建立民办高校的信用体系，推进民办高校的"职业经理人"制度的建设，全面降低民办高校的交易成本。

第4章 民办高校治理结构现状

对民办高校治理结构现状进行探究，有必要结合案例，从民办高校发展历程及治理特点、民办高校治理结构面临的问题进行分析。

4.1 民办高校的发展历程及治理特点

4.1.1 萌芽阶段（1978~1991）

我国民办高校发展的历程起源于改革开放，1977 年国务院下发了《关于 1977 年高校招生工作的意见》，实现了我国高等教育学校招生工作的开启。在我国重新恢复高考制度后，青年人的学习积极性得到了调动，在 1978 年为了满足学生的学习需求，由北京市的离退休教师组织了一些实习班，为准备高考的学生进行补课，成为北京自修大学、北京城市学院等一些当时民办高校的雏形。1977~1982 年我国涌现了北京自修大学、长沙韭菜园大学、长沙东风业余大学、湖南九疑山学院、曙东财经专科学校、广东业余大学、北京中华社会大学、中国逻辑与语言函授大学等。这些民办高校由当时的社会名人和知识分子创办，但是政府最初对于这些民办高校的身价、地位没有明确的规定，只是事实意义上的民办高校，发挥着"助学"的功能。根据《北京市社会力量办学试行办法》，鼓励社会各类职业技术培训班和实习班的发展，发挥对各类考试的复习指导与人才培养作用。1985 年，国家出台了《关于教育体制改革的决定》，指出："要大力发挥地方企业、社会团体和个人的作用，推进教育事业的发展。"[①] 1987 年，国家出台了《关于社会力量办学的若干暂行规定》，虽然在该《规定》中对于社会力量办学的重要性进行了阐述，但是又将社会力量办学局限在职业技术教育、岗位培训、考试辅导、基础教育、社会文化与生活教育等方面，将民办学校与"学历教育"相割裂。[②] 与此同时，教育部还出台了《社会力量办学财务管理暂行规定》《关于社会力量办学几个问题的通知》《社会力量办学印章管理暂行规定》《关于大力发展职业技术教育的规定》等政策法规，这些政策法规的出台，在一定程度上推动了民办教育的发展。截至 1991 年，我国拥有 450 所民办教育机构，但是这些民办高校不具备颁发学历证书的资质，主要集中在职业培训、教育考试辅导、自学考试辅导、面授、函授等非学历教育方面。从民办教育的主体来看，这一阶段的民办教育主体大多为具有社会进步的知识分子、社会群团组织、集体经济组织、国有企业等。由于这一阶段是民办高校的起步阶段，相关的法律、法规、规范、政策尚不健全，对于民办高校的治理问题也没有明确。这一时期的民办高校治理更多体现为"自然人"的属性，尚未上升至"法人"高度，管理者与经营者为一个主体，共同进行学校的管理与决策，治理上的随意性较为明显。

---

① 《中共中央关于教育体制改革的决定》，1985 年 5 月 27 日。
② 国家教委：《关于社会力量办学的若干暂行规定》，1987 年 7 月 8 日。

4.1.2　成长阶段（1992～1998）

1992～1998 年是我国民办高校的成长阶段。1992 年，邓小平南方谈话后，我国计划经济向市场经济发展步伐进一步加快，民办高校也迎来了新的发展机遇。在 1992 年的全国教育工作会议上，提出了进一步推进高等教育改革，加强教育适应市场经济发展进程的相关论述。1993 年，国家发布了《中国教育改革和发展纲要》，在《纲要》中，指出："要进一步开拓多元化、多主体办学的局面，改变政府包揽的格局，鼓励和支持社会团体与个人依法办学。"① 在国家层面的重视与支持下，1993 年开始我国的社会化办学得到了快速的发展。尤其是《民办高等学校设置暂行规定》的出台，进一步促进了民办高校的发展，实现了民办高校办学的规范化，给予了民办高校"身份"与法律地位。但是，这一时期国家对于民办高校的管理态度又呈现出"一松一紧"的特征。② 1997 年，国务院下发了《社会力量办学条例》，在《条例》中虽然提出了鼓励和支持民办教育发展，但是与此同时，又提出了"严控控制社会力量举办高等教育机构"，这就为民办高校的审批带来了较大的不便。根据统计资料，这一时期我国的民办高校数量不断增多，1992～1994 年，仅 3 年时间我国就增加了 400 多所民办教育机构。至 1998 年，我国虽然有各类民办教育机构 1270 所，但是经国家正式批准的民办普通高校（国家承认学历）仅为 22 所，仅为 1998 年全国普通高校总数的 2.5%。为了推进民办高校的规范化发展，教育行政管理部门在办学资质的审查方面更加严格，对民办高校的软硬件设施、学校章程、组织机构设置等方面提出了更高的要求。在 1992～1998 年这

---

① 中共中央、国务院印发：《中国教育改革和发展纲要》，1993 年 4 月 1 日。
② 国家教委：《民办高等学校设置暂行规定》，1993 年 8 月 17 日。

一民办高校的成长阶段，其治理结构与以往相比更加规范，要求民办高校成立董事会，建立学校章程，有健全的学校组织机构设置、领导班子，以及拥有相关的教育教学与教师队伍建设资质。但是总体来看，这一阶段国家仅是要求民办高校提供相应的资料，以及对硬软件设施进行验收，并没有对民办高校的治理做出特别明确的规定。导致这一时期的民办高校治理方式"多样化"的特征明显，有的高校是法人的治理模式，而有的高校仍然是校委会领导下的校长负责制。

4.1.3　快速发展阶段（1999～2005）

1999 年开始，伴随着我国高等教育的大众化进程，各大高校开展了大规模的扩招，高等教育市场化进程不断深化，使得民办高校发展的积极性也不断地提高，民办高校迎来了快速发展的新机遇。《面向 21 世纪教育振兴行动计划》《中共中央国务院关于深化教育改革，全面推进素质教育的决定》等文件的出台，推进了教育体制改革，旨在形成高等教育更加多元化的投资体制，构建由过去的政府大包大揽转变为多种形式办学、多渠道投资的高等教育投资体制。尤其是 1999 年召开的全国教育工作会议上，将以往的"严格控制"民办高等教育发展，转变为"鼓励举办"民办高校，标志着我国民办高校发展又迎来了新的契机。尤其是《中华人民共和国高等教育法》的出台，在《高等教育法》中明确指出："要鼓励和引导社会力量参与举办高等学校，实现高等教育的健康发展。"使得民办高校的发展上升到法律层面，实现了"名正言顺"。随后，2002 年《中华人民共和国民办教育促进法》和 2004 年《中华人民共和国民办教育促进法实施条例》的出台，使得民办高校的法律地位更加巩固，为民办高校标准化、规范化治理提供了有力的细则。

教育行政管理部门对于民办高校的审批也不断放宽，推进简政放权，民办高校呈现出更加积极的发展态势，根据我国 2005 年教育事业发展统计数据，截至 2015 年 12 月，全国拥有各类民办教育机构 1077 所，其中普通高校达 252 所。在 1999～2005 年我国民办高校的快速发展阶段，公办高校与民间资本进行合作举办独立学院，贡献了较大的力量。2003 年，教育部发布了《关于规范并加强普通高校以新的机制和模式试办独立学院管理的若干意见》，对公办高校与社会资本进行合作，举办独立院校进行了规定，同时各高校对于独立学院的设立积极性也较高。① 自 2003 年实施独立学院创建以来，我国对办学机构进行了改革，各大高校不断探索普通高校与国家机构以外的社会组织或者个人合作，试办的相对独立的二级学院（独立学院）。独立学院的创办，在优化办学结构，推进专业建设、缓解生源压力等方面发挥了重要的作用。截至 2005 年，我国独立学院已达 295 所。这一时期民办高校的治理更加规范，根据《民办教育促进法》和《民办教育促进法实施条例》的要求，民办高校应建立完善的理事与董事会体系，明确各部门间的权力职责边界，对民办高校的董事会、理事会的选举产生、组织结构、任期时限、议事程序等方面进行了规定，并将这些内容写入民办高校的《章程》。这一阶段成立的民办高校大多根据要求建立了董事会与理事会，新成立的民办高校，特别是由民间资本独资的民办高校均遵循了这一规定。但是也有个别民办高校，特别是由公办高校和民间资本合作的独立学院，仍然实行的是由党委领导或校务委员会领导的校长负责制，同时还有教代会领导下的校长负责制。

---

① 教育部：《关于规范并加强普通高校以新的机制和模式试办独立学院管理的若干意见》，2003 年 4 月 15 日。

4.1.4　调整规范期（2006 年至今）

2006 年至今 10 余年间，是我国民办高校发展的调整规范期。2006 年，在教育工作会议上，提出了对高等教育发展规模进行调整，推进高等教育的规模化与高质量发展相同步。国家之所以对高等教育政策进行调整，主要是由于高等教育的发展带来了巨大的经济收益，使得社会上出现了一些教育质量与水平不过关的民办高校，使得民办高校成为典型的营利型机构，而在人才培养方面重视程度不高，从而产生了系列的社会问题。山西、江西、河南等省市出现的由于民办高校学历、收费、经费使用等问题产生的学生及家长闹市突发事件发生后，国务院高度重视，国务院办公厅发出《关于加强民办高校规范管理引导民办高等教育健康发展的通知》《关于加强民办高校党的建设工作的若干意见》，要求各级政府必须对民办高校进行加强管理，教育行政管理部门要建立对民办高校的督导制度，成立党组织等。2007 年，教育部下发了《民办高等学校办学管理若干规定》（中华人民共和国教育部令第 25 号），要求进一步明确投资人的合法权益，同时要落实好法人的财产权，并做好资金的管理、产权的界定。2010 年，《国家中长期教育改革和发展纲要（2010 - 2020 年）》中，明确提出要大力支持民办教育，并提出"依法管理民办教育"。[1] 我国民办教育体制机制不断创新，治理结构不断完善，教育质量取得了长足的发展。2016 年，国务院下发了《关于鼓励社会力量兴办教育促进民办教育健康发展的若干意见》（国发〔2016〕81 号）文件。[2] 此文件的出台，标志着我国民

---

[1]　中共中央、国务院印发：《国家中长期人才发展规划纲要（2010 - 2020 年）》，2010 年 6 月。

[2]　教育部：《关于鼓励社会力量兴办教育促进民办教育健康发展的若干意见》，2016 年 1 月 18 日。

办高校的发展又进入了新的发展阶段，迎来了重要的发展利好。进一步放宽办学准入条件，提出了"政府不再限制"原则，探索多元化主体合作办学，加强 PPP 模式的应用，拓展资金来源。体现出国家层面对于民办高校"营利性"的认可，探索办理民办学校未来经营收入、知识产权质押贷款业务，提供银行贷款、信托、融资租赁等多样化的金融服务。并首次提出了健全民办学校的退出机制，保护出资者和受教育者的合法权益。根据《2016 年教育事业统计公报》，截至 2016 年，我国民办教育机构达 17.1 万所，形成了覆盖学历教育和非学历教育的发展格局。其中，民办高等学校 742 所，同比增长 8 所。

总体来看，2006 年以来这一时期我国民办高校发展势头较好，拥有以下特征：一是政府主导作用不断增强。回顾民办教育发展的历程，在民办高校发展的萌芽阶段、成长阶段、快速发展阶段民办高校的自发行为特点较为明显，但是当前政府对于民办高校的引导更加重视，结合高等教育改革与投资体制改革，给予了民办高校发展更广阔平台和宽松的发展环境。二是发展日益规范。民办高校的发展由最初的自发行为到政府不断的重视，出台了系列法律、法规、意见等来对民办高校进行规范，使得民办高校发展规范性管理"张弛有度"，行业秩序日益规范。三是更加重视发展质量。在当前形势下，民办高校与普通高校间、民办高校与民办高校间的竞争日益激烈，这些都使得民办高校不断加强自身水平建设，将传统的"规模化"发展转变为"内涵式"发展，以高等教育内在要素为发展动力，推进民办高等教育资源的优化配置，加快民办教育改革创新步伐，平衡好教育规模与教育质量的关系，以质量的提升增强社会对民办高等教育的认可度，最终实现民办高等教育教育效能的最大化。

4.2　民办高校治理结构面临的问题

4.2.1　民办高校的创办方式

归结起来，民办高校的创办方式主要有以下几种：

一是个人独资办学。个人独资是当前民办高校的重要创办方式。主要表现为在办学的伊始主要依赖于个人的投资，包括基础设施建设、教师的招聘、学校的管理等职能，均由举办者来负责。二是股份合作办学。股份合作创办方式也是民办高校的重要模式。这种办学方式通常由两个及两个以上投资人共同出资，要根据原始出资的数额来确定股权比重，或实行技术入股。三是民营企业投资办学。民营企业投资办学模式主要是指由民营企业独立或联合创办高校。主要是由于在国家政策的鼓励与支持下，以及放开民办教育投资领域，使得形成了民办高校的投资利好，许多民营企业看到了高等教育产业，投资创办高等学校。四是公私合作办学。当前随国家对于民办高等教育市场领域的放开，许多公办普通高校也看到了民办高校领域的利润，从而通过与民企合作的方式来更广泛的占据教育市场。公办高校采取与民企合作的方式来创办独立学院。国家教育部教育发展与研究中心的范文耀、马陆亭指出："独立学院是高等教育多元化、专业化发展的重要产物，是适应专业课程资源建设而应运而生的办学方式，目前已成为民营资本与公办高校合作的重要平台。"五是公办高校转制办学。这种类型的民办高校为公办高校转制形成的，主要是伴随着我国国有资产民营化以及国企改革出现。六是社会团体办学。社会团队办学主要是起源于20世纪80年代。这一时期，主要是由于当时的民间资本对于高校办学的积极性尚不高，国家对于民间资本投资高校办学的扶持政策也不健全，民办高校的审批标准也较高。这种形势下，社会群团组织进行高等教育的投资则在一定程度上具有优势地位。七是其他办学类型。除了个人独资办学、股份合作办学、民营企业投资办学、公私合作办学、公办高校转制、社会团体办学等几种常见的民办高校办学类型外，还有民办公助型、社会捐资办学型、中外合作办学型等几种类型，由于这些类型在我国民办高校中的比例不大，在本书中仅进行简要介绍。

4.2.2 民办高校不同模式分析

1. 个人独资办学治理结构模式

在个人独资办学的民办高校治理中，学校的创办者在民办高校中处于核心地位，既是投资者又是管理者。虽然有的民办高校引入了"职业校长"，但是其领导体制仍然是一种一元化的体制。有的民办高校在后期的发展中，根据《民办教育促进法实施条例》《民办高等学校办学管理若干规定》《关于加强民办高校党的建设工作的若干意见》等相关要求，建立了董事会、监事会及职工代表大会，并根据要求建立了党组织，但是权力仍然较为集中，大多是典型的家族化管理。

2. 股份合作办学治理结构模式

股份合作办学学校的治理结构多类似于公司，由出资人共同组建学校的股东代表大会，从股东代表大会中选举董事会和监事会。这种创办方式建立健全了"三会一层"，组织机构较为完善。常见问题为董事会"一会独大"，监事会的作用不明显，职工代表大会的作用无法发挥出对公司决策权的参与性，所有权与经营权分离的力度不够。

3. 民营企业投资办学治理结构模式

由民营企业创办的高校通常规模较大，资金实力雄厚，学校的发展质量较高，发展速度较快。有的民营企业投资办学的民办高校，拥有独立的法人机构，治理模式类似于股份合作办学。但是有的由民营企业投资办学的高校不设置董事会、监事会，只是作为民办企业的下级子公司；还有的民营企业投资办学的高校实行"双法人"制度，实行民办高校母公司的法人治理与学校的法人治理两种治理结构。

4. 公私合作办学治理结构模式

公办普通高校与私营企业合作办学的模式，通常是两者合作进行独立学院的建设，产权为两者共有，经营权通常为私营企业。如浙江大学与杭州电信集团合作的独立学院——浙江大学城市学院、复旦大学与太平洋保险公司合作的独立学院——太平洋金融学院等，均是这种类型。"双法人"治理模式也是这种类型民办高校的重要治理结构特征，这类高校通常只是挂公办高校独立学院的"牌子"，其高校的治理主要由企业来进行。

5. 公办高校转制治理结构模式

公办高校转制的高校治理结构模式主要分为两种，一种是高校资产所有权仍然属国有，但是办学体制为民营（如浙江万里学院）；另一种为高校的资产所有权和经营权均为民营（如齐齐哈尔职业技术学院）。有的高校建立了现代高校管理制度，实现了所有权与经营权的分离；有的高校仍然保留着传统的党委领导下的校长负责制、职工代表大会领导下的校长负责制的治理制度。

6. 社会团体办学治理结构模式

社会团体办学的治理结构通常其"行政化"特色较为浓郁，主要由于我国的社会团体大多为党委领导下的社会团体，因此大多采取党委领导下的校长负责制。如为了加强工商领域专业人才的培养，民建上海市委员会与上海市工商联于1985年共同创建了上海工商学院。这种类型的高校在一定程度上具有公办高校的治理结构特点，通常是实行党委领导下的校长负责制。

7. 其他形式办学治理结构模式

民办公助型，主要由政府对其进行财政补贴的高校，其经营管理由民营企业进行；社会捐资办学型的民办高校，主要依赖于社会力量的捐资，这些学校大多为非营利性的高校，学校不设置董事会，其治理结构采取理事会下设的校长负责制；中外合作办学型的民办高校，其资金来源除了国内民间资金外还有境外的企业资金（如华侨大学下辖的仰恩学院），存在形式主要为公办高校下辖的独立学院，其治理结构与普通公办高等学校较为类似。

4.2.3　民办高校制度设计缺陷

多年来，在国家高度重视与支持下，民办高校的结构治理取得了长足的进展，但是整体上看，当前民办高校治理结构仍然存在许多问题，主要体现在民办高校的制度设计缺陷上。

1. 政府的过度管理使民办高校丧失自主权

虽然国家出台了《民办教育促进法实施条例》《关于鼓励社会力量兴办教育促进民办教育健康发展的若干意见》等相关支持民办高校发展的政策，但是政府"管的过严、管的过宽"的现象仍然存在。虽然国家在准入标准、投融资体制、办学机制等方面给予了民办高校一定的自主性，但是当前行政主导仍然是民办高校制度设计中的主要特点，作为民办高校的独立性在一定程度上仍然无法体现。如在招生、收费标准、专业设置、学历管理等方面，民办高校仍然要受制于政府管制。政府针对民办高校的简政放权力度仍然不大，简单地将责任下放，而没有将权力下放，民办高校的责权不匹配，办学的限制较多，这些都不利于民办高校从根源上提高结构治理水平。

2. 政策和法律保障缺失

当前，国家虽然出台了《民办高等学校设置暂行规定》《社会力量办学条例》《中华人民共和国民办教育促进法》《中华人民共和国民办教育促进法实施条例》《国务院办公厅关于加强民办高校规范管理引导民办高等教育健康发展的通知》《关于加强民办高校党的建设工作的若干意见》《民办高等学校办学管理若干规定》等相关法律法规对民办高校发展进行规范，但是这些规定、意见、规定、条例大多是局限于必要性的论述及宏观性的阐述，缺少具有可操作性的措施。从法人的界定上看，公办普通高校的法人定位为"事业单位"，而民办高校的法人定位则是"民办非企业单位"。民办高校并不是严格意义上的经济主体，具有"非营利性"功能。对于民办非企业单位，其清算后的剩余财产与经营中的盈余所得要求只能用于公益事业，而不能进行利润分红。这种收益权类属含糊、法人定位缺失的问题，将为民办高校的治理带来巨大的隐患。

3. 民办高校的运行机制不完善

民办高校自身的运行机制不健全，也是当前面临的重要。一是《章程》的作用没有得到发挥。虽然根据《民办教育促进法》和《民办教育促进法实施条例》的要求，民办高校必须建立《章程》，并将《章程》上报至上级教育行政管理部门备案。但是目前在实践中，许多民办高校仅是将《章程》进行上报，没有充分发挥出《章程》对于民办高校的指导作用。二是缺失有效的监督制约。广大利益相关者共同参与治理是保障民办高校健康发展的重要前提，但是当前在民办高校中董事长专权独断的现象仍然存在，监事会功能缺失，普通师生、甚至普通股东等利益相关者无法对民办高校形成有效的监督，职权划分不合理，科学民主决策不畅通，现代教学制度尚没有建立。

4.3 民办高校治理结构案例分析

为了更有效地对民办高校治理结构现状进行研究，笔者通过案例的列举，来对民办高校治理结构现状进行分析。

4.3.1 广东 P 学院治理结构失衡案例

广东 P 学院属于股份合作办学。学院创办于 1993 年，2005 年经教育部批准升格为本科层次高校，2009 年获得《中华人民共和国民办学校办学许可证》。学校占地面积 113 万平方米，固定资产 8.5 亿元，建筑面积 32 万平方米，拥有全日制在校学生 14000 多人。广东 P 学院治理结构的研究在民办高校具有典型意义，该校为 1993 年创办，正值《民办高等学校设置暂行规定》出台后，是借着国家对于民办高校领域的放开而发展起来的。根据艾瑞深中国校友会网《2016 中国大学评价研究报告》，该校纳入全国民办高校 100 强之列。

　　广东 P 学院治理结构经历了"董事会领导下的院长负责制——董事会领导下的院务委员会负责制——董事会领导下的院长负责制——董事会领导下的院务委员会负责制"的历程，在成立伊始为"董事会领导下的院长负责制"；在《中华人民共和国民办教育促进法》出台后，为了符合法律要求，吸纳 1 名教师代表加入董事会，实行"董事会领导下的院务委员会负责制"；2005 年开始，经董事会研究决定，恢复"董事会领导下的院长负责制"，新任院长对学院进行了组织机构改革，由于改革动作幅度较大，导致董事会与院长间产生矛盾，院长随后被迫辞职。在院长辞职后，各中层负责人辞职人数多达 26 人；2006 年，董事会决策再次实行"董事会领导下的院务委员会负责制"，延续至今。

　　整体上看，P 学院治理结构存在着所有者与经营者间缺乏协同的突出问题。截至 2016 年 12 月，广东 P 学院已连续换任 10 个院长，其中任期最长的为 3 年，最短的为 2 个月，频繁更换院长的背后反映了 P 学院所有者与经营者间的矛盾较为突出，所有者干预经营行为的现象仍然较为严重，责权利的界定、分配尚不通畅。通过调查得知，目前该校的 11 位董事中，有 6 位均为亲属关系，在学院的基建处、教务处等许多部门重要职位由家族成员担任，是典型的"家族式"民办高校。在重大决策过程中，董事长"一长独大"的情况仍然存在，管理层的权力被架空。

4.3.2　西安 L 学院非法集资案例

西安 L 学院成立于 1986 年，是经西安市教育主管部门批准正式成立的一所全日制综合性民办职业院校。学校占地面积 40 万平方米，建筑面积 21 万平方米，在校生最多时达 1.5 万人。在学院的发展中，出于解决资金的需要，在董事会研究决定下，以"扶贫教育"和"股权众筹"等名义进行民间集资，从 2005 年开始，陆续在西安、铜川、渭南、咸阳等地，设立办事处招募业务人员，以借助社会力量出资办学的名义向民间集资，并与投资人签订《合作助学协议书》，合作期 1～3 年，投资人分别收益 12%、14%、15%。截至 2015 年，L 学院累计集资金额为 15 亿元，资金主要进行新校区建设。但是由于资金链断裂，董事会主要负责人选择"跑路"。与西安 L 学院类似的还有西安 H 学院，其集资金额为 10 亿元，集资手段也与 L 学院类似。

一方面，"非法集资"案件的出现，反映了当前我国民办高校的融资难问题。根据我国《民办教育促进法》规定"民办学校对举办者投入民办学校的资产、国有资产、受赠的财产以及办学积累，享有法人财产权"，但是《物权法》及《担保法》均规定："学校等以公益为目的的事业单位、社会团体的教育设施不得抵押。"这也说明民办高校的融资渠道较为狭窄，除了从民间融资外，别无他法。而民办高校的收入来源主要为"学费"，在当前公办高校举办"三本"院校和独立学院的竞争下，生存空间变小；另一方面，从最开始的解决资金短缺问题，到后期发展到"庞氏骗局"，由最初的"合作助学"变为"非法集资"，也反映了民办高校信息披露不准确、利益相关者缺少参与学院治理的机会、学院的内部人控制等问题。

4.3.3　华东 B 学院创办人侵蚀学校法人利益案例

华东 B 学院成立于 1998 年，是一个经国家教育部批准注册成立的民办高等学校。华东 B 学院下设工商管理、会计、外语、经管、金融等 12 个二级学院与 42 个专、本科专业，是工商管理博士 DBA、高级管理人员工商管理硕士 EMBA、工商管理硕士 MBA 等试点。学校占地面积 24 万平方米，建筑面积 18.5 万平方米，在校学生 1.2 万人。近年来，华东工程科技学院不断发展壮大，已形成了"研、学、创"为一体的科学体系。

在华东 B 学院的发展中，连续举办者对个人利益和权力过于追逐，在办学中出现了违法违规的办学行为。按照我国《民办教育促进法》的规定，只有民办高校的出资人才有获得投资回报的权利，而民办学院的举办者没有获得投资回报的权利。三位举办者利用董事会成员的身份，在华东 B 学院的资产重组过程中，在出资人 B 学院董事长与重组方再次签订重组协议的前提下，仍然私下背着董事会和广大员工与重组方再次签订重组协议，从中牟取经济利益。后经相关司法部门查处，三位举办者在华东 B 学院担任管理层过程中，通过收取学生保险手续费、重修费、资料费、教务费等形式，私设"小金库"，在小范围内为相关工作人员分发福利和分红，牟取个人利益。并且经常以举办者名义擅自召开董事会，与投资者矛盾较为突出，不但侵害了投资者的权益，也侵害了所有利益相关者的权益。

第5章 制度经济学视角下民办高校治理结构现状及问题

制度经济学是研究制度变迁、交易费用、产权、契约、利益相关者等研究的学科。从制度经济学视角下研究民办高校治理结构现状，有必要分析民办高校治理结构的制度环境的构成要素和制度环境的运行机制、特性，并利用制度经济学的相关理论分析民办高校治理结构存在的问题及产生问题的原因。

5.1 制度经济学视角下民办高校治理结构现状

5.1.1 民办高校治理结构的制度环境的构成要素

分析民办高校治理结构的制度环境的构成要素，应当基于宏观制度要素以及微观制度要素两个层面具体加以展开，并且在具体展开的理论性分析论述过程中，切实关注上述两种分析视角之间的相互差异特征。

1. 宏观制度要素

首先，宏观制度包括了国家相关法律法规的制定出台，及相关民办高校治理政策措施的执行情况等。如为了规范民办高校的发展，国家相继出台了《中华人民共和国民办教育促进法》《中华人民共和国民办教育促进法实施条例》《教育部关于鼓励和引导民间资金进入教育领域促进民办教育健康发展的实施意见》等系列法律、法规、政策。在这些文件中，明确了民办高校的性质、地位，为民办高校治理提供了政策支撑。尤其是 2017 年 1 月 18 日，教育部在 2012 年出台的《关于鼓励和引导民间资金进入教育领域促进民办教育健康发展的实施意见》基础上，又出台了《关于鼓励社会力量兴办教育促进民办教育健康发展的若干意见》，体现出国家层面对于民办教育发展的高度重视，以及对探索多元主体参与民办高校合作办学的决心。在该《意见》中，强调民办教育要坚持"育人为本、德育为先，分类管理、公益导向，优化环境、综合施策，依法管理、规范办学，鼓励改革、上下联动"的原则，推进民办高校的体制机制创新，建立现代学校制度建设，完善学校法人治理结构，健全资产管理和财务会计制度等。

其次，经济与社会发展的大环境。近年来，民办高校的蓬勃发展归根结底是建立在我国市场经济的发展对多元化的人才的需求上，民办高校的发展也为高等教育提供了新的平台和契机，成为普通公办高校的重要补充。因此经济体制也成为影响民办高校发展的重要制度环境因素。各省市根据自己的市场需求制定相应的政策，目前大多以"意见"或"办法"的形式出现，来促进民办高校的健康发展。如福建省人民政府 2012 年出台了《关于进一步支持和规范民办高等教育发展的若干意见》、广东省人民政府 2013 年出台了《关于促进民办教育规范特色发展意见》、河南省人民政府 2015

年出台了《河南省关于加快推进民办教育发展的意见》。

2. 微观制度要素

微观制度环境主要是指民办高校治理的内部相关制度等。民办高校的微观制度要素主要包括产权制度、决策、执行、监督机制等。产权制度主要是对民办高校产权的界定以及对举办者、投资者、管理层以及所有利益相关者的责权分配。决策机制，主要是以股东代表大会为主体，通过股东代表大会对董事会成员进行选举，使董事会成为拥有民办高校治理权的常设机关，对民办高校的经营管理活动进行全面的统筹与管理，并对民办高校的财产具有支配权。由董事会负责民办高校管理层人员的聘任、奖惩、晋升、解雇等事宜，对民办高校的章程、规章制度进行研究、制定，批准民办高校的中长期发展规划与短期发展计划，对学校进行兼并、重组等行为。执行机制主要是指管理层受董事会的委托，行使董事会的意志，负责民办高校具体事务的管理。通常由民办高校的校长行使教育教学和行政管理职权，执行董事会的重要决策，由校长负责制定民办高校的财务、教务、行政、后勤、人事等全面管理，并实行校长负责制，并将校长的个人收入、职业发展与工作情况进行衔接。监督机制，主要是指民办高校的监事会、广大员工和所有利益相关者对产权的独立性和完整性、董事会的决策、管理层的执行等方面进行监督。

5.1.2 民办高校治理结构的制度环境的运行机制

1. 宏观运行机制

我国民办高校治理制度环境的运行机制主要包括政府管理机

制、法律法规机制、市场与行业机制等方面。

一是政府宏观管理机制。我国民办高校宏观运行机制的形成中，政府"有形之手"发挥着重要的作用，通过政府宏观管理的作用，建立和完善民办教育市场，监督市场、引导市场以及部分的参与市场，弥补民办教育市场机制的失灵。因此我国的民办高校发展存在着"行政推动"的特点，即由教育部直接推动。在政策上以"公办为主"，从对民办教育的严格控制，到不断放开对民办高校的约束，推进民办高校的产权、投资体制改革。这从一个层面上也反映了政府对于"民办高校"这一公共资源的宏观调控与管理，通过一系列的政策对民办高校发展方向进行推动以及地方政府对民办教育进行区域化的教育布局。通过民办高校资源的调配，协调发展速度和控制总体规模。2016 年，《中共中央、国务院关于深化投融资体制改革的意见》中明确提出："进一步推进教育领域改革，引导鼓励社会资本参与教育投资。"进一步加快民间资本进入民办高校，也已成为国家层面对于推动多元资本参与教育行业领域的新要求。在民办高校的政府宏观管理层面，长期以来，我国民办高校通常由省、市一级的教育行政管理部门（省教育厅、市教育局）进行管理。根据《中华人民共和国民办教育促进法》，"县级以上地方各级人民政府教育行政部门主管本行政区域内的民办教育工作"。

二是法律法规机制。《中华人民共和国教育法》指出："要推进社会化教育的开展，鼓励发展各类成人教育、业余教育及终身教育。"民办教育是终身教育和社会化教育的重要组成。《中华人民共和国民办教育促进法》中将民办教育定位为"民办教育事业属于公益性事业，是社会主义教育事业的组成部分"。因此《中华人民共和国教育法》与《中华人民共和国高等教育法》《中华人民共和国民办教育促进法》是当前我国国内民办高校结构治理中的上位基本法律，民办高校的"公益性"是国家层面对民办高校赋予的基本属性。

三是市场与行业调节机制。随着我国市场经济制度的不断完善，民办高校已逐渐完全面向市场。将教育推向市场化，让市场来对教育资源进行调节与配置，这些都是发达国家的成功经验。因此，我国民办高校在发展中，通过借鉴发达国家的成功经验，在产权界定、合同履行、交易成本控制、公共产品输出等方面，通过与外部教育市场和教育行业进行结合，使之输出的"公共产品——人才"能够更加符合社会就业大环境的要求，增强民办高校的核心竞争力。《国家教育事业"十三五"规划》中指出："要充分发挥行业协会的力量，推进以民办高校、成人、电大、函授等多元化教育方式的开展。"截至目前，我国以民办高校为主体的行业协会（民办高校行业联盟、评估机构、认证机构等）已达 158 个，遍布全国 26 个省、直辖市、自治区。这些行业协会在参与民办高校治理中发挥了重要的作用。

2. 微观运行机制

一是民办高校内部治理的决策机制。根据玛丽·帕克·福列特（Mary Parker Follett）的观点，决策是一个非均衡性的博弈过程，决策涉及的各方"经济人"主体建立帕累托最优的均衡性博弈关系，是决策的最终目标。决策机制实质上是由决策权力机构及其对应的决策权力内容组成，决策机制设计的理论基础是决策活动分工与层级制决策。民办高校的内部治理结构的决策机制主要依托于决策系统，其决策系统主要由股东大会、董事会、监事会和管理层构成。通常情况下，由董事会来对民办高校发展中事关利益相关者重要利益、学校长期发展的重大事件做出决策，由管理层来对相对较为细微的事件进行决策。首先，民办高校的决策体系呈现出"层级"性质。根据制度经济学理论，这种层级性是建立在活动分工和有限理性假设（Bounded Ration）基础上的。随着学校规模和业务种类的不断扩大，民办高校决策的内容从最终的教学和学术类决策，不断向投融资、社会服务、市场运作等领域拓展，其决策的层级性更加深化。董事会、管理层不同决策层级主体的决策行为更加细化，但是由于在多元业务开展形势下的信息不对称，以及决策主体的细分，使得不同决策主体的信息掌握较为有限，直接影响了其决策能力，使其决策成为一种"稀缺资源"。其次，民办高校的决策体系也具有"二元结构"的特征。在民办高校的决策体系中，权力边界始终围绕着"行政权力"与"学术权力"两个方面。行政权力与学术权力的二元结构，使得民办高校治理中的决策权边界性提出了更高的要求，要求每个决策的层级、部门要有明晰的权力界限，对学生的资本运作、经营活动和教学科研、教师管理等方面的职能进行合理的界定。

二是民办高校内部治理的执行机制。执行机制是对决策的落实，执行机制通常由管理层来进行，对高校治理起着重要的作用。对于民办高校来说，其执行机制的最终目标是提高其盈利水平，实现民办高校的发展壮大。民办高校的执行机制的核心在于决策，其民办高校的执行行为必须紧紧围绕着决策的目标来进行。通过董事会作为总的指挥部门，对管理层下达执行的命令，由管理层对民办高校的决策进行实践。民办高校治理过程中的"执行"，就是高校各个部门与机构不断分化与组合，实现资源整合、形态融合、教育产品生产要素调整的过程。要实现执行机制的通畅化，就必须优化民办高校的内部结构、规则、组织之间的要素，建立与执行机制相匹配的激励、竞争、反馈、调控等机制，实现民办高校的自我发展、自我完善。

三是民办高校内部治理的监督机制。根据《中华人民共和国民办教育促进法》的规定，民办高校拥有独立的法人财产权。基于民办高校独立的法人财产权，在结构治理实践中，为了对管理层进行监督和制约，就有必要建立高校内部治理的监督机制。通常情况下，民办高校的投资者不像普通的股份制公司般的较为"分散"，而是通常将所有权和财产权集中某个、某几个投资者中。董事会对管理层进行直接任命。这就使得董事会的权力较大，对内是决策者和指挥者，对外是学校的代表和权力象征。与此同时一些民办高校的股东代表大会作为"非常设机构"，对董事会及管理层的监督较为乏力。董事会既充当了"裁判员"，又充当"运动员"的角色。当董事会对校长进行选举和任命后，实现了所有权和经营权的分离，董事会的目标在对管理层进行有效的监督，而从"经济人"假设的角度，管理层则是最大限度地发挥自己的权限，为自己谋取经济利益。与此同时，管理层与董事长、董事会其他成员合作谋取不当利益，也是现实中存在的重要问题。为此，民办高校设置了"股东大会的监督、董事会的监督、监事会的监督"等监督体系，来对民办高校的管理层进行有效的监督。监事会作为民办高校内部专职的监督机构，旨在对所有者权益进行保护，使得管理层的行为在可控范围之内。为了加强民办高校的结构治理，民办高校通过内部权力的分立与制衡的强化，来保障举办者、投资者、管理层、普通教职员工等的合法权益。

四是民办高校内部治理的激励机制。激励就是个体与组织不断进行沟通的行为，在沟通的过程中，不但要满足个体的物质需求，更要对精神层面进行引导，使得个体的满足能够得到有效的延续。激励机制具有内化效果，通过有效的激励，能够使个体将价值观内化为组织所需的认知，从而在内源上激发个体为组织工作的主观能动性。激励机制是解决民办高校治理委托人和代理人之间关系的核心问题，民办高校的治理归根结底就是为了对涉及其中的代理人进行激励，促使代理人采取适当的行为，最大限度地增加委托人的效用。民办高校治理中的激励可划分为物质激励和精神激励。物质激励（外在激励）。主要是指以物质为主要手段的激励方式，使得管理层（委托者）能够获得相应的物质需求的满足，从而有效地激发管理层（委托者）的行为，使其能够进一步发挥自己的能动性，更有效地投入工作中，保障所有者和利益相关者的合法权益。物质激励主要包括资金、福利等货币性收益，它以物质激励为手段，使被管理层（委托者）能够通过工作获得相应的物质报酬。对于民办高校的管理层（委托者）的物质激励来说，更重要的就是建立合理的物质分配机制，并与绩效考核进行联动，通过完善的薪酬分配方案，使其能够获得公平的物质奖励，使其作为一个理性的"经济人"能够在守法、合规的前提下"劳有所得"。二是精神激励（内在激励）。从双因素理论看，物质激励更容易满足受激励者的保健因素，而精神激励则主要是满足受激励者的"激励因素"，能够使受激励者受到精神上的满足。精神激励表现为非货币属性。其中民办高校内部治理的"委托—代理"合约的局限性，以及管理层与所有者之间的信息不对称关系，通过有效地激励手段能够更有效地发挥管理和结构治理的边际效用，通过管理层的收益与业绩挂钩，倒逼管理层必须在良好的职业道德和职业操守下，实现各方利益的最大化，实现管理层与所有者的帕累托博弈的优化。

5.2　民办高校治理结构的制度环境特性

5.2.1　民办高校社会公众委托的特性

"委托—代理"问题是民办高校的核心问题，因此民办高校具有社会公众委托的特性。基于民办高校所有者和管理层的利益冲突，为了解决民办高校经营过程中的"信息不对称"问题，通过委托—代理关系的建立，形成一种信托制约，从而克服所有者的有限理性。根据委托—代理假说，民办高校的治理过程中，要在明确权、责、利相关契约关系的基础上，实现对代理人更有效地监督，加强代理人的激励，实现代理人的职业目标与学校发展目标相一致，有效的规避代理风险，保障委托人利益的最大化。作为委托—代理理论研究的核心，组织内部交易结构的优化是最重要的课题。民办高校的"委托—代理"区别于"交易费用"的实物量化交易最重要的问题在于其公众委托属性强调对服务的交易以及对于代理人的约束与激励。从制度经济学的委托代理理论看，民办高校的委托和代理，最重要的任务是选择代理人与激励、制约代理人。

表 5-1 中，私人产品具有竞争性和排斥性的特征，纯公共产品具有非竞争性和非排斥性特征，而"共同资源"和"俱乐部产品"介于私人产品和纯公共产品之间，被称之为准公共产品。民办教育是典型的"公共资源"，具有竞争性和非排斥性的特征。民办高校这种"准公共产品"的社会公众委托特性主要依赖于民办高校财产所有权、控制权和收益权的分离。根据罗斯的委托代理理论："当代理人一方代表委托人一方的利益行使某些决策权时，则当事人双方之间的代理关系就随之产生。"民办高校的公众委托不但将所有权人作为委托人，更将接受教育的社会公众作为委托人，实现公众委托—代理行为。在这种公共委托关系中，虽然民办学校的所有者与管理层拥有明晰的契约合同，但是社会公众在委托—代理关系中缺少了委托人角色，在一定程度上使得民办高校治理结构出现残缺。

表 5-1   产品属性及其分类

	竞争性	非竞争性
排斥性	私人产品	俱乐部型产品
非排斥性	共同资源	纯公共产品

5.2.2 民办高校产权归属特性

民办高校的产权问题集中体现在产权与所有权、经营权、使用权、收益权、处置权之间的关系协调。费希尔（I. Fisher）认为："产权是享有财富的收益并且同时承担与这一收益相关的成本的自由或者所获得的许可，产权不是有形的东西或事情，而是抽象的社会关系。"产权是财产主体围绕或通过财产这一客体而形成的经济权利关系。产权主体对拥有的财产具有完整独立的处置权，可以占有、使用、开发、改善、改变、消费、破坏、出售、捐赠、遗赠、转让、抵押、出租、借贷或者阻止他人侵犯自己的财产。从制度经济学的角度看，由于交易费用的存在，只有明晰民办高校的产权，才能够实现资源配置效率的最大化。根据科斯第三定理，在交易成本大于零的背景下，初始产权的安排能够有利于社会福利的改进，并且基于这种初始产权上的制度安排要优于基于其他初始产权上的制度安排。民办高校作为独立的法人，民办高校的产权主要是保护投资者对于财产的所有权，包括对于民办高校财产的占有、使用、收益与处置权利。因此，民办高校的产权归属特性，是其根本的特征。就如孟子所说"有恒产者有恒心，无恒产者无恒心"，通过完善的产权制度设计，能够使得民办高校资源配置实现优化和提升。反之，倘若民办高校的产权归纳不明确，产权制度存在交叉、缺位时，将直接影响到民办高校的治理效能。对于民办高校来说，法人财产权的独立性是产权归属的核心，只有财产权的独立，才能够实现所有权、经营权和收益权的分离。

5.2.3　民办高校交易费用特性

交易费用是不同市场主体分工合作所产生的费用。康芒斯、科斯、威廉姆森、马修斯将交易费用划分为"发展相对价格费用、谈判和签约费用；事前交易费用与事后交易费用；事前合同准备费用和事会监督执行费用；市场型交易费用、管理型交易费用、政治型交易费用"等类型。民办高校教育领域的交易费用是在民办教育领域各种交易活动所花费的经济资源或支出。广大学者对交易费用理论进行研究后，得出以下结论：第一，市场和市场主体间拥有不同的交易机制，在每个交易单元中涵盖了不同的交易要素；第二，市场交易费用和市场主体间是一种互相依存的关系，并且交易费用的存在将会加剧市场失灵的产生；第三，市场主体通过治理结构的创新，来降低交易费用，能够有效地促进企业经营体系的优化。民办高校的交易费用具有稀缺性、不确定性、竞争性、有限理性等特征。稀缺性是民办高校交易费用产生的重要前提；不确定性和竞争性是民办高校交易费用产生的表现形式；市场主体的有限性是民办高校交易费用产生的重要归因。民办高校交易费用包括：一是三会一层的运行费用，体现为董事会与管理层权力制衡及所有利益相关者对董事会、管理层的监督费用。二是管理层对举办人和出资人的委托—代理协议进行履行的费用。三是为寻找、筹措、配置民办教育产品的产出所需要的各类资源所消耗的财力、物力、人力费用。三是为约束教育服务生产过程中个人或组织的行为而制定、维护和监督实施各种计划、目标、人物、规章制度和法规而花费的资源。四是组织结构内部在产品生产过程中，所支付的领导、协调、反馈、监督等费用。五是民办高校在从事教育产品和服务产出过程中，与政府、学生就业用人企业、家长、社会等维持公共关系的稳定性和有效性所消耗的费用。

5.3　制度经济学视角下民办高校治理结构存在的问题

5.3.1　产权理论下民办高校的关于"公共产品"的悖论

在我国民办高校的教育产品和服务拥有"准公共产品"的特征，其准公共产品属性介于私人产品与公共产品之间。虽然私人属性是民办高校产权的基本存在形式，但是从全社会角度看，民办教育在获得经济效益的同时，又为社会输出人才，为社会提供更多的教育资源，具有公共产品属性。但是根据产权理论，民办高校所有者拥有对财产的占有权、使用权、收益权和处置权，政府及社会环境对民办高校的公益性预期要求，直接在一定程度上影响了民办高校责、权、利的统一。主要表现为：

1. 民办高校作为"准公共产品"的产权归属不清晰

虽然我国《民办教育促进法》中规定"民办学校对举办者投入民办学校的资产、国有资产、受赠的财产以及办学积累，享有法人财产权；民办学校存续期间，所有资产由民办学校依法管理和使用，任何组织和个人不得侵占"。《民办教育促进法》从立法层面，对民办高校的法人财产权进行了保护，成为民办高校法人财产权独立性的重要体现。但是，对于举办者的原始投入资产以及民办高校在经营发展过程中的收益分配、财产归属尚缺少明确的规定。尤其在民办高校的重组、兼并、破产清算过程中，缺少对所有者权益的基本保障。如在《民办教育促进法》中，仅将民办学校终止并进行财产清算过程中，将"应退受教育者学费、杂费和其他费用""应发教职工的工资及应缴纳的社会保险费用""偿还其他债务"等进行了规定，对于出资人、举办人的产权保护力度不足。根据产权理论，保障所有者基本的财产权是民办高校结构治理的前提条件，法人产权是民办高校所有者的必要权益，举办者、股东和投资人享有其投入的终极所有权，但是当前国家层面出于对所有教育产品和服务"公益性"的保护，对民办高校的产权保护在相关法律法规制定方面明显力度不足。这些都直接影响了民办高校投资者的投资热情，对私有资产的"公益性"持质疑态度。

2. 民办高校作为"准公共产品"缺少合理的投资回报

根据我国的《民办高等学校设置暂行规定》《社会力量办学条例》《民办教育促进法》《民办教育促进法实施条例》《关于加强民办高校党的建设工作的若干意见》《民办高等学校办学管理若干规定》等相关法律法规的规定，民办高校被定位为"民办非企业单位"，这种"民办非企业单位"的定位说明国家并没有完全将民办高校作为一个市场主体进行对待。《民办教育促进法实施条例》中指出："在每个会计年度结束时，捐资举办的民办学校和出资人不要求取得合理回报的民办学校应当从年度净资产增加额中、出资人要求取得合理回报的民办学校应当从年度净收益中，按不低于年度净资产增加额或者净收益的25%的比例提取发展基金，用于学校的建设、维护和教学设备的添置、更新等"。从中可以看出，对于民办非企业单位，其清算后的剩余财产与经营中的盈余所得要求只有用于公益事业，而不能进行利润分红。这种收益权类属含糊、法人定位缺失的问题，也为民办高校的治理带来巨大的隐患。《民办教育促进法》《关于加强民办高校规范管理引导民办高等教育健康发展的通知》《民办教育促进法实施条例》等虽然均提出了"合理回报"的字眼，但是对于什么是"合理回报"、占比多少是"合理回报"，均没有进行细化规定。在这种情况下，许多民办高校为了获得更多的回报率，在财务信息披露上"做手脚"，通过隐蔽的手段来保全自己，直接影响了民办高校的内部治理，反而影响了民办高校的公益性。

3. 民办高校作为"准公共产品"权利与义务的不匹配

个人独资办学、股份合作办学、民营企业投资办学、公私合作办学、公办高校转制、社会团体办学是当前我国民办高校的主要举办形式，社会捐资办学型的民办高校较少。投资者对民办教育进行投资的主要目标就是获取收益，具有资本的逐利性特征。但是当前从国家层面对于民办高校的权利要求较少，而对其义务要求较多。在《民办教育促进法》中，将投资人的投资回报设定在"扶持与奖励"章节，而并没有纳入"学校资产与管理"章节。在产权权利和义务方面的不匹配，直接影响了民办高校治理结构的完整性。

5.3.2　边际效用理论与民办高校公共资源沦为"公地悲剧"

公地悲剧是产权界定不完善下的产物，也是对民办教育边际效用忽视的体现，因此民办高校的"公共资源"与边际效用也直接使其成为"公地悲剧"的"集聚地"。

1. 产权界定不合理引发的"公地悲剧"

在国家对民办高校的公益性进行强调的背景下，使得民办高校的"公地悲剧"得到加剧。就如我国著名经济学家谢作诗所说："花自己的钱，办别人的事，只考虑成本，不考虑效益；花别人的钱，办自己的事，只考虑效益，不考虑成本；花别人的钱，办别人的事，既不考虑成本，又不考虑效益。"在民办高校拥有清晰的产权条件下，能够平衡好经济效益和社会效益的关系，将会认真考虑和比较未来的收益和成本，以期获得更加长远可持续的发展，但是在产权不明晰的条件下，在办学中仅是注重短期的经济效益，仅考虑眼前的收益和成本，而没能树立民办教育可持续的发展战略，使得作为社会教育的"公共资源"为浪费，沦为"公地悲剧"。

2. 边际效用不匹配引发的"价值悖论"

边际效用理论可以解释经济学中著名的"价值悖论"，正所谓"物有所值"。人们愿为边际效用高的产品支付高价格，为边际效用低的产品支付低价格是"经济人"的理性选择。民办高校在经营和发展过程中，提供价值较高的"教育产品"，但是其边际效用却无法得到有效的发挥。如根据《教育部关于进一步规范民办教育机构办学秩序的通知》要求"民办教育机构的收费要按照当地教育、物价、财政部门核定的收费项目和收费标准收取费用。办教育机构超过经核定的项目和标准滥收费用的，由审批机关责令限期退还多收的费用，并由财政部门、价格主管部门依照法律、法规予以处罚。民办教育机构要参照国家计委、财政部、教育部制定的教育收费公示制度的规定，公示核定的收费项目、收费标准以及收费依据。"民办高校在注册完成后，必须将教育或劳动和社会保障行政部门颁

发的办学许可证、法人登记证书及《民办学校非学历教育收费标准
备案表》报学校所在区县（登记注册地）价格主管部门。民办高
校在收费方面，缺少自主定价权，必须经过政府进行审批、同意，
方可执行。民办教育为社会输出优秀的人才，提供优质的教育产品
和服务，但是获得与之相匹配的边际效用，这就势必造成民办高校
办学方式、治理效能的优势无法得到发挥，使得民办高校在政府管
制的条件下，不得不通过降低成本和投入的方式，以牺牲教育质量
的方式，来获得应有的边际效用。这就使得民办高校陷入无法与普
通公办高校平等竞争的境地，长期挣扎在"生存线"上。根据科斯
第三定理，在交易费用大于零的环境中，制度安排的生产本身是有
成本的。选择哪种制度，主要取决于制度生产成本与由此带来的收
益比较，其中净收益最大的制度安排就是最佳的选择策略。然而当
前政府对民办高校的收益权"管得太死""管得太严"，使得民办
教育的交易费用增加。

5.3.3　规模经济与高校公共资源管理的矛盾

　　规模经济（Economies of Scale）是以生产规模的扩大，实现资
源的高效配置。民办高校的规模经济发展，体现在教育要素的集聚
化。民办高校作为一种公共资源，规模经济与高校公共资源管理的
矛盾，也是制度经济学视角下民办高校治理结构面临的重要问题。
作为一种公共资源，长期以来民办高校服务于社会、为社会提供人
才支持。当前，民办高校是一种典型的"规模化"发展模式。民办
高校较为注重生源的扩招与学校规模的扩大，而忽视了教育内在质
量的提升，这种规模经济与高校公共资源管理成为一对重要冲突。
民办高校的规模经济就是在投入要素比例和价格不变的条件下，通
过扩大招生和扩大经营业务等手段来实现边际效益的增长。对于民

办高校来说，通过规模化经济的发展，来实现平均成本的降低，从而使得通过边际成本的缩小，利用规模化的优势，实现平均成本的降低。民办高校是典型的公共资源，其规模的增大，直接影响了其"社会效益"的产出。在以教育质量代价的前提下，规模的扩大、生源的增加，生均成本会降低，高校的资源利用率会提高，实现了"规模经济"；但是与此同时，民办高校的人数增加到一定程度，必定使教育质量和人才输出质量受到影响。民办高校的规模经济并不是越大越好，一旦规模扩大超过临界点，其边际效益却会逐渐下降，甚至跌破趋向零，使民办高校反而陷入"规模不经济"的境地。但是当前，许多民办高校一味地扩大招生规模，而不考虑自己规模的临界值，使得在经营和结构治理中资源配置欠合理。

5.3.4　代理机制不合理加剧了信息不对称

委托—代理是民办高校治理的基本特性之一，民办高校的公众委托不但将财产的所有权人作为委托人，更将接受教育的社会公众作为委托人，实现公众委托—代理行为。20 世纪 70 年代，美国经济学家约瑟夫·斯蒂格利茨提出了"信息不对称"理论，该理论认为在交易过程中，由于各人拥有的信息不同，掌握的信息也表现出一定的局限性。在民办高校的公共委托关系中，由于委托人与代理人缺少信息的公开，出现了信息不对称问题。虽然民办学校的所有者与管理层拥有明晰的契约合同，但是社会公众在委托—代理关系中缺少了委托人角色，在一定程度上使得民办高校治理结构出现残缺。在信息不对称的前提下，使得民办高校在代理人的选择上，有必要建立更全面的代理机制，对代理人进行全面的评估。在信息不对称的背景下，民办高校所有者与管理层间形成的委托—代理关系并不稳定，委托者对于代理者的监督出现空白，更容易产生以下问题：

1. 信息不对称导致代理人的道德风险

管理层作为经济人，其经济性和自营性是人的本性，追求自身利益的最大化是经济行为的重要目标。从制度经济学理论来看，无论是交易成本、产权理论还是契约、委托代理理论，都是以"经济人"假设作为基点。在"经济人"条件假设下，代理人的"经济人"属性使其着力实现成本最小化和效益最大化。由于委托人与代理人的信息不对称，使得委托人无法对代理人的合同履行情况进行了解。在缺少监督机制的情况下，民办高校的代理人——管理层利用信息披露的不到位，在高校管理中掺杂机会主义行为，以在损害委托人权益的前提下，获得自身的经济利益。

2. 信息不对称导致代理人的执行错误

代理机制不合理加剧了信息不对称，与此同时信息不对称也带来了代理机制的不完善，使得在民办高校治理中价值评估体系的偏差，所有者缺位、越位现象较为突出。在实践中，往往由于缺少信息沟通机制，管理者拥有大量的组织内部信息，利益相关者处于组织的外部，缺乏获取组织内部信息的渠道。当委托人为代理人下达指令时，管理层无法正确了解委托人的意图，使得管理层在学校治理过程中执行不力，甚至在发生错误后将相关责任推诿到委托人身上。我国民办高校信息的不对称性使利益相关者无法观察和评价民办高校管理层的行为，从而也无法进行有效的监督。如美国高校通过隶属于联邦教育部教育统计中心的综合数据系统（Integrated Postsecondary Education Data System）来使高校的管理层进行有效的信息披露，并建立了强制的信息披露关系，并由社会第三方机构对信息披露情况进行补充。

5.4 制度经济学视角下民办高校治理结构存在问题的原因分析

5.4.1 民办高校治理主体的不同利益诉求影响了治理结构

民办高校治理主体的不同利益诉求影响了治理结构，成为民办高校治理结构不完善的重要原因。2015 年 11 月~2016 年 11 月，西南大学王德清、王华两位学者以 24 位民办教育的从业者为调查对象，对民办高校的举办者利益诉求进行了问卷和访谈调查研究。通过研究发现，民办高校的治理主体存在着"经济人、社会人、自我实现人、复杂人"等不同的类型。对于民办高校的投资者和管理者来说，"经济人"是主要类型，实现经济利益的最大化是民办高校投资者的主要动机；对民办高校的举办者来说，促进民办高校的健康发展是其主要动机，"自我实现"是其主要类型；对民办高校的教师来说，满足物质需要、社会需要与精神需要是其主要利益诉求，工作动机主要是经济回报、社会认同；对于社会和政府层面来说，促进民办高校的发展，满足社会就业市场的需要，为社会提供更完善的教育产品和服务是其主要利益诉求。在民办高校治理中，举办者、投资者、管理者、教师、社会、政府等不同的治理主体间的利益诉求是不相同的。这种多元化的利益诉求，为民办高校治理带来了巨大的挑战，要求民办高校治理过程中，必须满足举办者、投资者、管理者、教师、社会、政府等所有利益相关者的利益诉求。

首先，在民办高校治理主体间的不同利益诉求的矛盾中，最大的矛盾就是民办高校投资者与社会教育需要的矛盾。为了保持民办学校的教育属性，防止出资者无节制地追求经济利益，进一步保护受教育者的权益，政府不断加强对民办高校的管理；其次，举办者和投资者在民办高校的长远发展与短期经济利益间存在矛盾，作为民办高校的投资者，其往往投机意识强，最大化的经济利益是他们追求的目标，而自律和理性意识不足，加之所有者缺位使得约束力不足，在办学中民办高校的投资者有可能会损害社会公共利益。最后，所有者和管理层的产权与经营权间的矛盾，管理层通过经营手段来获得自己的利益，而所有者更加期望财产的保值、增值。

5.4.2　投资办学的属性影响了民办高校治理结构

民办高校的举办方式主要有个人独资办学、股份合作办学、民营企业投资办学等形式，而民办公助型、社会捐资办学型等办学类型较少。可以说，投资办学是我国民办高校的基本属性。学校的运行中的资产和资源都具有资本的性质。任何资本都具有逐利性，而不论其所投入的产业是公益性还是营利性。投资方投入民办高校的属于民间资本，其往往具有投资回报的性质，投资方以追求利益为主。民办高校投资办学的属性，使得投资者在办学中很少把投资民办高校、投资教育看作是公益性产品的生产。他们以追求利润为目的，根据市场经济的规律，寻求个体的利益最大化。为了规范民办高校投资办学的属性，《民办教育促进法》限定了"非营利办学"与"营利办学"，并指出："非营利性民办学校的举办者不得取得办学收益"。并且对于民办高校的权益受到侵害时的处理，并没有提出权益受侵害后的解决方式。民办高校投资办学的公益性得不到发挥，为了较快的收回成本，发挥经济效益，往往在办学中忽视教育规律，过于追求短期效益的回报，甚至有的办学者和投资者半途而废、携款逃跑；或者管理层通过关联交易、资本重组等手段对资产进行违法侵占等。例如，在民办高校的经营发展中，在经济效益的驱动下，为了节约成本，民办高校的投资者通常"因陋就简"，最大限度地减少边际成本和固定资产投资；有的在办学条件不足的情况下，进行扩大招生规模；有的民办高校为了减少成本，全体教师实行外聘兼职，临时性的教师占主体位置；这些行为不但与教育规律更与民办高校举办者的宗旨相违背，忽视了社会对高等教育的需求。

5.4.3 政府政策制定的滞后影响了民办高校法人治理结构

政府政策制定的滞后直接影响了民办高校院法人治理结构，成为法人治理缺位的重要因素。长期以来政府对于民办高校的相关政策制定是随着民办高校的发展而不断发展起来的。纵观民办教育20世纪70年代末期最初的"辅导班、夜校"等形式，到目前民办高校进行"公司化""集团化"的发展，均是其产品稀缺性的重要体现，是市场对高质量、多元化教育产品的需求。政策对于民办高校的政策制定一直是"尾随其后"，仅《中华人民共和国民办教育促进法实施条例》就数次修订，《教育部关于鼓励和引导民间资金进入教育领域促进民办教育健康发展的实施意见》也是在当前民办高校发展乏力的情况下出台的政策。根据科斯第三定理，在交易费用大于零的环境中，制度安排的生产本身是有成本的。选择哪种制度，主要取决于制度生产成本与由此带来的收益比较，其中净收益最大的制度安排就是最佳的选择策略。根据《中华人民共和国民办教育促进法》,"县级以上地方各级人民政府教育行政部门主管本行政区域内的民办教育工作"。在政府的宏观管理层面,长期以来,我国民办高校通常由省、市一级的教育行政管理部门(省教育厅、市教育局)进行管理。地方政府在民办高校的发展中通常保持较为审慎的态度,尤其是地方政府的教育行政管理部门,将民办教育的管理要求与公办教育相同对待,但是在财政拨款、资金支持、税收等方面,民办高校与公办高校明显没有可比性。

近年来,为了配合国家全力推进的投融资体制改革,贯彻落实《国家教育事业发展"十三五"规划》,各省都相继出台了促进民办教育发展的相关意见,但是从时间段上看,全国所有省级政府出台的意见都在 2011 年后。可以说长期以来,对民办教育的"管制"大于"扶持",在政策上以"公办为主",从对民办教育的严格控制,到不断放开对民办高校的约束,推进民办高校的产权、投资体制改革。使得民办教育只能够是在不断地摸索前进,法人治理结构也不尽完善。

5.4.4　相关法律法规的不健全影响了民办高校法人治理结构

民办教育作为终身教育和社会化教育的重要组成,已成为国家层面的共识,但是相关的法律、法规却滞后于民办高校的法人治理。《中华人民共和国教育法》指出:"要推进社会化教育的开展,鼓励发展各类成人教育、业余教育及终身教育。"《中华人民共和国民办教育促进法》中将民办教育定位为"民办教育事业属于公益性事业,是社会主义教育事业的组成部分"。《中华人民共和国教育法》与《中华人民共和国高等教育法》《中华人民共和国民办教育促进法》是民办高校结构治理中的上位基本法律。但是,纵观民办高校相关的法律法规则不难发现，相关法律法规对民办高校发展的态度是较为含糊的。一方面，国家通过相关法律法规给予了民办高校一定的社会地位，从立法上鼓励和支持民办高校发展；另一方面，对于民办高校的营利性和非营利性间缺少明确的界定，这些都使得民办高校对于是否可以合理的获取利润成为模棱两可的议题。对于民办高校的投资项目，如何合理的获得回报、获得多大的回报、回报分配的方式等方面，在法律法规方面均趋于空白，这些都为民办高校的治理带来了一定的隐患。

第6章 国外私立大学治理结构比较

相对于我国民办高校，国外的私立大学起步要早，国外的产权、契约、委托—代理等相关制度较为完善，因此其治理经验也较为丰富。为了更有效地对我国民办高校治理结构进行研究，本章重点以英国、美国、日本、德国等私立大学的治理进行研究，从中找到能够值得我国借鉴的成功经验。

6.1 英国私立大学的治理结构

英国是资本主义经济制度的摇篮，英国对私立学校的治理也拥有悠久的历史。从牛津大学、剑桥大学等老牌大学的发展来看，其完善的治理结构，是实现健康发展的重要支撑，下面从外部和内部两个方面的治理结构进行分析。

6.1.1 外部治理

分析英国私立学校的外部治理机制和治理结构问题，应当重点针对英国现有私立院校在具体的建设发展，以及治理实践过程中所面对的政府制度环境，以及法律法规环境展开全面系统的分析梳理，旨在为现阶段我国各级民办高等院校具体组织实施的内部治理结构建设工作，构筑和提供基础性的经验支持条件。

英国私立大学的外部治理是与其资本主义经济制度的发展相衔接的。英国早在 19 世纪 70 年代就出台了《初等教育法》，用来保护私立基础教育阶段学校的产权和利益，对政府的管理行为进行了规范，明确提出了政府在私立学校管理中"不能做什么"。1902年，英国出台了《巴尔福法案》（Balfour An），在该法案中，对各级政府的权限进行划分，明确地方政府在私立学校的发展中起到辅助和指导性作用，给予私立学校与公办学校同等的地位。1944 年，英国国会又通过了《巴特勒（Butler）法案》，在保留巴尔福法案所认定的"私立"和"公办"双重教育制度的同时，对私立学校的宏观管理也提出了具体的要求。

纵观英国私立学校的发展，是建立在 18 世纪"教会学校"基础上的。其外部治理也遵循着资本主义的普世价值观以及基督教的教义，即强调契约的作用，以及时刻警惕政府对私立学校的管理行为。英国从国家宪法的层面对私立学校进行周到的保护，并出台了系统法律来保障私立学校的合法权益。在高等教育私立学校发展领域，通过出台《学院特许法》来对发展质量较好的私立学校赋予免国会审批的权力。

尤其对政府的拨款和扶持行为特别的审慎，政府通常不直接对私立学校进行拨款，而是充分的发挥社会"第三方"组织——学校评估委员会的作用，由学校评估委员会对公办高校和私立学校"一视同仁"的进行评估，在评估结论的基础上，通过等级的评等来确定资金奖励的数额，最后由学校基金委员会负责具体的拨款事宜。通过这样的方式，既表现出政府对于私立学校与公办学校的平等对待的态度，又表现出政府不对学校的发展进行干预，旨在创设更加自由的市场环境。为了保持私立学校在发展中的公益性，英国在中央一级还设有中央教育咨询委员会、皇家督学团、全国课程委员会和考试与评定委员会等组织，对私立学校的办学方向进行指导，并提供完善的咨询服务。

英国各级各类大学的自治性都较为独立，这种高度的自治性集中表现在这样三个方面：一是大学的管理者由大学自己决定；二是大学对来自政府或其他方面的拨款具有绝对的自由使用权；三是大学的活动包括招生办法与数量、教师任命与数量、课程内容与考试标准等都由大学自行确定，甚至连组织机构的设立等也由大学决定，政府均无权干预。正如有学者所言：英国政府是世界各国中对高等教育干预最少、影响力最小的国家，英国大学的自由度在西方国家是最大的。这种情况与大学在经费上对政府的高度依赖性形成鲜明对比。

6.1.2　内部治理

英国私立学校在基础性内部治理结构的建设和发展过程中，展现出了表现程度显著且充分的科学性和系统性，能够为一定历史时期之内，我国现代民办高等院校具体组织开展的内部治理结构建设优化工作，构筑和提供稳定且坚实的经验参考支持条件。

在私立学校的内部治理方面，英国私立学校的治理体系较为完善。由于政府对于介入学校的内部治理较为审慎，使得英国的私立学校的治理体系源自自身的发展和更新的内部发展动力。

由于英国的教育市场环境较为自由，其制度性的交易成本较低，使得学校可以将主要精力放在教学质量的提升上。只有能够提供更加优质的教育产品，才能够在市场竞争中立于不败之地。如牛津和剑桥等世界著名的大学，其内部治理紧紧围绕着"教授治校"来进行，并充分地发挥所有利益相关者的共同治理作用，出台了

《牛津大学法》和《剑桥大学法》，来对内部治理行为进行规范。

如按照《牛津大学法》的规定，在内部治理上，牛津大学的最高权力机构是全校教职员大会，每5年开一次会，选举名誉校长等荣誉职位，世界各地的牛津毕业的硕士都有资格参加。牛津的校长则是由3000人组成的教师大会每四年选举一次，校长每年向大会报告工作。学校内部负责处理重大事务的机构为校务委员会，其由25名成员组成，其中7名常任委员须包括校长、教务长、舍监等在内，其余18人则由教师大会推选产生。校务委员会提出的议案如果遭到这18人中的6人反对，那么该议案就要提交教师大会投票表决。可见，教师大会是一个有实权的组织，被看作是牛津民主和教授治校的重要标志，英国牛津大学内部治理结构如图6-1所示。

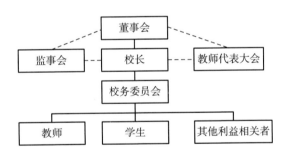

图6-1 英国牛津大学内部治理结构

英国私立学校的内部治理借鉴了公司治理的方式，建立了完善的"三会一层"，既"董事会（校务委员会）、监事会（理事会）、教师代表大会、管理层"。在英国私立学校的校务委员会下面还设有总务委员会，对学校的行政、学术管理进行统筹。在总务委会员的人员设置中，80%以上的人员必须来源于教授，其余来源于其他利益相关者。因此，在英国私立大学的内部治理结构中，普通的教授在学校的治理中具有相当重要的作用，直接可以影响学校的发展和走向。在普通教授与管理层间，拥有通畅的沟通渠道。

6.2　美国私立大学的治理结构

6.2.1　外部治理

受基础性政治体制和法律法规因素的直接影响和干预，美国在具体组织开展私立大学外部治理工作的实践过程中，与英国实际组织开展的私立大学外部治理实践活动之间，本身在基础性制度构成体系和具体化的业务组织开展路径等方面，存在着表现程度较为显著的相互差异特点。

美国是"三权分立"的宪政国家，其立法权、司法权、行政权互相分离，体现在私立大学的治理上较为宽松，对于私立大学的事务从不强加干涉，旨在实现通过相对完全的自由市场环境实现私立大学的健康发展。在美国各州的立法中，都将政府的管制作为重要的负面清单进行规制，为了挟制政府的权限，出台了如《布朗诉托皮加校区教育委员会案》《加利福尼亚大学诉巴基案》《密西西比女子大学诉霍根案西弗吉尼亚教育委员会诉巴尼特案》等。在这些法案中，对地方政府对私立大学的权限进行了严格的规定，保障私立大学的治理自主权。

然而，在完全竞争市场环境下，虽然在一定程度上保障了私立大学的自主经营和发展，但是也会出现劣币驱逐良币的市场失灵问题，使得在教育产品提供的过程中，私立大学更容易陷入低价同质化竞争的困境。随着凯恩斯经济学的发展，美国政府在 20 世纪 30 年代后，日益重视起政府对于私立大学的宏观调控。联邦政府主要通过鉴定、学生资助、研究资助、宏观引导等市场化的方式，对私立大学的市场化进程进行督导。

首先，加强私立大学的内部评级。充分发挥非政府机构在私立大学评级中的作用。为了确保私立大学的教育产品质量，联邦政府通过高校评级委员会的作用，负责建立统一的私立大学监管的标准、评级制度、评价方法、统一原则等。通过这样的方式，来确保社会资本投资教育产品的监管信息真实性，增强了监管的实效性。建立私立大学业务检查制度。采取统一模式，给予私立大学 1～5 级不等的"评级"，通过社会中介的力量，对美国大学进行综合或专业排名，使其作为私立大学市场化的重要辅助因素。

其次，对收费标准的适当控制。美国虽然从政府层面不像我国那样通过地方政府的发改委（物价局）、工商局等部门直接参与民办高校的定价，但是要求对于贫困学生实行"差异化"和"阶梯化"的学费缴纳方式和数额，在放开私立大学收费标准的同时，保证私立大学的社会公益性。

最后，通过竞争的方式对私立大学进行资金奖励。美国联邦政府不是直接将财政资金拨付于私立大学，而是通过课题研究奖励、就业基地建设等间接的方式，给予私立大学相关的经济补贴。在政府性专项资金补贴中，具有市场竞争性，并且要求私立大学进行自有资金配套，方可进行资金的发放。例如，在学术性研究课题的评估中，建立同行评议组织，由同行专家组成评审小组，对课题项目进行评估，只有真正的好项目才能够获得政府资金的支持。

6.2.2 内部治理

美国私立大学的种类、形式较多，主要包括：企业、基金财团、宗教团体等投资类型，既有两年制社区学院和四年制文理学院，也有高水平综合性研究型大学。与英国的内部治理相比，美国私立大学的内部治理更加自由和民主，治理主体更加多样化。无论是公立私立、规模大小，大多数大学的管理组织（治理结构）都由大学董事会、管理部及教授会形成的扁平化的治理结构。克拉克·科尔曾对美国大学内部治理结构做出以下评价："最大限度地降低高校的交易成本，实现法人产权的独立，形成委托人与代理人更稳定有效的代理关系。"

董事会是美国私立大学的最高权力机构，并通过大学的章程作为一个重要遵循体系，来对董事会的行为进行约定，使其能够符合所有利益相关者的要求。

美国大学的董事会成员主要由校外人士组成，主要是为了最大限度地避免"外行领导内行"的问题，与我国的民办高校治理结构大相径庭。美国私立大学的校长可以是董事会成员甚至可以兼任董事会主席，但前提是其受到学术委员会的密切监督。美国大学校长是学校行政管理的最高负责人，是董事会决定的直接执行者。校长由大学章程或董事会通过决议授权，主要负责处理学校日常行政事务。在美国大学里，校长一般负责学校发展带有重大性和根本性的问题，其将主要的精力运用于筹集学校发展所需要的资金和人脉支持方面。学校的日常行政管理工作，则由兼任教务长的常务副校长承担，其他副校长（副校长一般都在五人以上，有的甚至多达十数人）则根据校长的授权各自负责教学事务、科研事务、基建事务、招生事务、学生事务等工作。

美国私立大学的治理结构特点主要体现在以下两个方面：

一是充分发挥"教授治校"的作用。通过学术委员会的作用，保障私立大学的教育产品输出质量，通过教授治校平衡好教育产品成本控制与质量提升的关系，使得边际效用更加合理可持续。在较为自由市场竞争中，发挥学校市场主体地位的同时，更加注重学校的社会公益性功能。学术委员会直接监督董事会、管理层，以及学校的日常运转。作为代表和保护教师利益和学术共同体的组织，教授委员会是大学最高学术权力的代表。为了更好地阐述对比，下面利用加利福尼亚大学的内部治理结构进行举例分析，如图6-2所示。

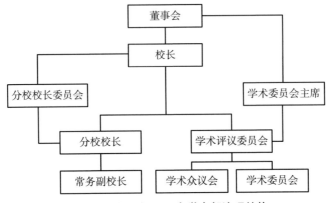

图6-2　加利福尼亚大学内部治理结构

图6-2表明美国的学术评议委员会在内部治理中发挥着参与和监督的作用。由于美国的高校精细化分工的特点较为明显。在学术评议委员会下面设置学术众议会和学术委员会，保障美国学校的学术方向。在治理过程中，教授评议会也有权就学术共同体的利益向大学各类管理委员会提出建议。学术与行政的相互监督、制约、渗透，以防止行政的专权。尤其在学校重大基础设施建设、大宗设施采购、人事安排、财务信息公开等方面，学术权力发挥着重要的作用。

二是章程即契约。契约精神是资本主义经济体系的根基，契约制度也是维系资本主义市场经济的重要纽带。经营者与民办高校的投资者存在委托代理关系，在非完全信息下的条件下，经营者需要本着对投资者负责的态度，对学校进行管理，并有受到投资者监督的义务，保障民办高校的投资者的利益。而要实现这一目标，就有必要引入一个类似于美国《宪法》的共同遵循体系。在私立高校治理中，美国各大学通过《章程》的制定来构建契约关系。因此，契约对于美国的私立大学来说，具有至高无上的约束力。如美国的哈佛大学章程中，共包括25章内容，主要包括以下内容：学校的办学目标、宗旨、战略目标；董事会的选举程序、人选资格、权利、职责、义务；财务公开、披露、审计等制度；学校组织机构的层级、幅度；校长的选举事宜；常务副校长、副校长的选任资格、选举程序、权利义务、免除事项、工作规范等；学术评议委员会的职责、权利、义务、工程内容、流程；第三方财务、学术、咨询、管理机构的合作方式、聘任方法；教授的晋升、绩效考核、职务评定、薪酬分配、学术规范、课题研究；学位的授予、评价；教师、学生的考核评价；课程计划、教学方案制定；其他。从以上可以看出，哈佛大学的章程制定较为细致，为了高校治理提供了有力的支撑。

6.3　日本私立大学的治理结构

6.3.1　外部治理

日本作为大陆法系国家，在民办大学的治理方面严于美国和英国。日本实行严格的民办大学治理，但并不意味着对于民办学校的发展实行制约，而是从全社会教育多元化发展的角度，对民办大学进行规范。日本政府从立法层面出台了民办大学相关的法律，如《民办学校法》《民办学校法施行令》《民办学校法施行细则》《民办学校振兴助成法》《民办学校振兴助成法施行令》等。这些法律、法规覆盖了民办学校的治理的各个方面，实现了学校治理各个环节的衔接。日本民办学校的治理体系其完善性主要体现在相关治理制度的规范性，拥有高效快捷的运作架构、科学的控制方法。相对于英、美两国的教育行政管理部门而言，日本文部省的职权范围相当宽泛，也更加细致。日本政府教育行政管理部门对高校治理的管理主要体现在以下方面：通过行政许可、行政审批手段对民办学校的设置、课程专业的认可、学校教职岗位的设定进行管理控制；通过组织调研，询问、要求回函等手段获取民办大学关于教学、科研的统计信息；通过行政处罚、行政禁令的手段对违反法律、法规和行政命令的民办大学及其直接责任人员进行处分；通过政府拨款方式协助地方民办大学更好地完成教育目标。

6.3.2 内部治理

在内部治理方面，日本实现了"三权分立"，即将董事会（理事会）、管理层、监事会、职工代表大会的职能进行界定和区分。与外部治理的法律完善性相比，日本民办学校的内部制定也较为完善，每个大学都根据《民办学校法》《民办学校法施行令》《民办学校法施行细则》的规定，制定了相应的学校《章程》，在《章程》的指引下各项制度不断健全。为了对日本的民办大学治理结构进行研究，以日本早稻田大学治理结构为研究案例，如图 6-3 所示。

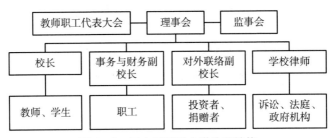

图 6-3 日本早稻田大学治理结构

从图 6-3 可以看出，日本早稻田大学治理结构呈现出扁平化的特征，分工也较为精细。根据学校的《章程》，由举办方和出资方选举理事会成员，理事会成员必须有 30% 的学校职工、教师、教授，并有10%比例的社会知名人士和教育界人士。由校长、事务与财务副校长、对外联络副校长共同向理事会负责。日本早稻田大学的理事会相当于企业的董事会，在《章程》的引领下，由理事会对学校治理进行全权负责。根据日本《民办学校法》的相关规定，民办大学必须设置有监事会，监事会设置3名及以上的监事，负责监督学校法人财产的使用情况、理事职责的履行情况、理事会决议的合法性状以及行政人员履行职责的情况。定期举行教师职工代表大会，对学校的预算草案、重大投资项目、基础设施建设、教育教学改革、学生就业指导等方面进行审议。

日本的高校治理结构具有以下特征：

一是监事制度较完善。根据日本的《民办学校法》，对日本民办高校的监事制度（包括人数、选举内容、流程、监督内容、规范等）进行了详细的规定，监事制度下的高校治理更有利于对学校投资者行为、法人的财产状况、学校教职和管理人员的行为规范以及理事职责的履行情况进行全面的掌控。

二是扁平化的组织结构。日本民办高校的组织结构呈现出扁平化的特征，这种组织结构有助于进一步降低交易成本，构建更加通畅的信息传输机制，实现信息的公开，消除民办高校理事会与管理层各个部门间的信息不对称，实现了组织机制的高效运转。

6.4　德国私立大学的治理结构

6.4.1　外部治理

德国私立大学的治理结构体现了政府宏观管理与学校自主发展

的密切结合。德国私立大学的治理结构是典型的在宏观管理背景下的地方分权。德国通过颁布了《波恩基本法》，确立了各州享有"文化主权"，德国私立大学的治理的自主权受到法律层面的保护。虽然对于德国私立大学来说，"如何保证学术自治"是私立大学治理的核心问题，但是与此同时，德国政府为了保证私立大学的"公益性"以及人才培养的质量，对私立大学的宏观管理和监督水平也不断加强。在德国的《高等教育总法》中，对私立大学的学生培养的标准、学校与政府、社会的关系、学校内部组织结构设置、学校《章程》的制定等方面进行了明确。旨在构建一个在保障私立大学"公益性"的前提下，将私立大学建设成为具有独立决策能力和自我调节能力的独立实体。

6.4.2 内部治理

在内部治理方面，董事会（理事会）是学校的核心治理机构，董事会的人员由社会人员代表、教授、产业和文化机构代表等组成。德国私立大学的利益相关者主要来自于为大学提供资金的团体、机构和对大学进行监督的组织。

德国维滕私立综合大学的理事会、校长、评议会是一种平行的机构设置，体现为德国私立大学治理结构的"三权分立"原则，如图 6 - 4 所示。学校有理事会、学术、行政三个具体的权利体系。校长必须由学术人员选举产生，校长提名的副校长交教师评议委员会进行表决。教师评议委员会掌握学院的学术权力，由 15 人组成，成员为教授 8 人、非学术人员 2 人、学生 2 人、院外人员 3 个。维滕私立综合大学实行校长负责制，校长的主要工作是管理协调全体教师和各系的教学资源进行配置。评价会由 26 名成员组成，每两年进行一次换届，其主要负责正、副校长和理事会成员的选举，制定校内规章，任命行政最高负责人等。

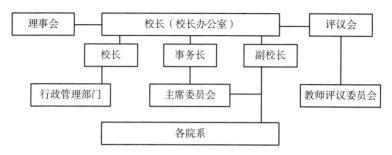

图 6-4　德国维滕私立综合大学治理结构

　　德国的私立高校治理结构具有以下特征：

　　一是学术权力和行政权力的分离与均衡。为了加强学术权力和行政权力的分离与均衡，德国出台了《大学大纲法》，要求私立大学必须设置"学术评议会"，并将"学术评议会"作为学校的重要权力机构。评议会的成员由教授、职员和学生代表及社会代表等构成，对行政权力的行使、人员的任免、预算的审核具有"一票否决权"。

　　二是赋予组织管理、学术研究、教学等方面更大的自由权限。德国私立大学在组织管理上，在遵守相关法律的前提下，拥有免受地方政府等外界控制的自由，拥有研究、教学、学习的自由。并且不受政府、社会等其他各类不合理的利益诉求影响，可以由学校自行制定课程方案、人才培养标准、科研课题、实验实训方式、收费定价的额度等内容，充分体现了政府宏观管理下的大学自治、学术自治、教授自治。

　　三是利益相关者的共同治理。当前德国的大学治理中，行政权力已经被不断削弱，取而代之的是利益相关者的监督和指导。将学生、教研人员、行政人员、教授、社会成员等不同的利益主体纳入治理结构中，使其形成对理事会和管理层的有效监督，其根本权力在评议会，而日常经营与管理权力在于校长，有利于形成更加透明的监督体系。

6.5 国外大学治理结构的经验及启示

虽然国外大学的治理结构都是基于资本主义经济制度下，与我国民办高校在基础经济制度上有所不同。但是当前我国社会主义市场经济不断深化，教育市场化水平也在不断提升，促进民间资本进入教育领域也已成为中央层面的共识和重要战略决策，国外大学治理结构对于我国民办高校治理来说，具有较强的借鉴和参考意义。因此有必要利用国外民办高校治理的成功经验，对我国民办高校治理结构进行改进。

6.5.1 外部治理结构的经验及启示

1. 保障学校法人产权地位

从英国、美国、日本、德国私立大学的治理可以看出，国家层面都从法律的角度对私立大学的法人独立产权地位进行了确定。在私立大学产权的确定中，坚持"私有财产神圣不可侵犯"的原则，并确定私立大学的财产收益、重组、分割等权限，使得出资办学者能够依法取得经济收益，保障了私立大学举办者和投资者的积极性。政府在私立大学治理中充当着辅助的作用，并不直接干预私立大学的经济活动。为了保障私立大学的公益性，以及消除完全自由市场竞争下的"劣币驱逐良币"问题，国外的政府参与私立大学治理的主要方式是通过法律法规的规制，构建更加稳定的契约与产权关系，使得私立高校的治理结构更加完善，发展方向、教育服务和产品内容更符合全社会对私立高校的市场需求。

2. 重视法律法规的健全和完善

国外对民办高校的外部治理是建立在更加完善的立法、司法、执法基础上的。美国、日本、英国每个国家都出台了专门针对民办高校发展的法律。通过法律的保障作用，来规范私立大学的发展。例如，美国、日本的相关私立学校的法律要求私立大学必须建立《章程》，并对章程的内容进行规定。德国的《高等教育总法》对私立大学的学生培养的标准、学校与政府、社会的关系、学校内部组织结构设置、学校《章程》的制定等方面进行了明确。在充分尊重和保障私立高校的自治权利的基础上，由私立高校自行制定行政管理、法人设立、组织变更、资本运作等具体执行方案，最终使得私立学校的《章程》成为委托人和代理人间的契约，这就确保了私立高校发展能够做到有法可依、有章可循，为私立高等教育的健康有序发展，创设了一个良好的法制和政策环境，形成了强有力的信用机制，为学校治理提供了有力的保障。

3. 促进规范和扶持的有机结合

从国外私立大学的外部治理经验来看，虽然政府不直接干预、参与民办高校的经营管理，但是并不代表政府对私立大学的放任不管，任其发展。从理论角度看，主要是受凯恩斯经济学的影响，为了防止民办教育产品的"生产过剩"问题以及无序竞争的问题，政府加强从宏观的角度对民办教育进行调控。在民办高校的行政许可、行政处罚、行政管理、行政规划与行政决策等方面进行适当的引导，保障民办教育的合理运行。与我国对民办高校资金扶持不同的是国外对民办高校的资金扶持，并不是直接将资金下拨给民办高校，而是在评级的基础上进行。建立基金制度，发挥社会捐资助学、个人投资办学等积极性，在社会第三方组织对民办高校进行评级的基础上，给予民办高校资金扶持。

6.5.2 内部治理结构的经验及启示

1. 重视所有利益相关者共同治理

在内部治理结构上看，国外民办高校特别注重所有利益相关者参与学校的治理。与我国民办高校的治理相对比可以发现，我国虽然在《民办教育促进法》《关于加强民办高校规范管理引导民办高等教育健康发展的通知》《民办教育促进法实施条例》等法律、法规、政策中，都对决策机构的设置进行了阐述，但是仅将举办者、投资者纳入治理的主体，而没有将教师、学生等利益相关者纳入学校治理之中。而美国、英国、日本、德国等国家则将所有利益相关者的共同参与作为学校治理的重点，更加重视教师职工代表大会、教授（教师）评议委员会、理事会等方面的作用，通过这样的方式保障民办高校的办学方向的正确性，以及教育产品质量输出的高效。

2. 加强内部权力机构的协调与制衡

与我国民办高校治理的"一董独大"相比，美国、日本、英国、德国等国外私立大学的治理中，严防董事会的专权，将立法、司法、行政领域的"三权分立"引入高校治理中，形成内部权力主体间的相互制衡和分权机制。在国外私立大学的《章程》中，就明确了董事会、监事会、管理层、教师（职工）代表大会间的职责、权利、义务，对董事会的决策权、监事会的监督权、管理层的执行权、教师和普通职工的参与权纳入《章程》，将作为一个契约不折不扣的执行，有效地实现了共同治理的合力。特别是日本的扁平化的治理结构中，通过建立通畅的信息公开、流通、披露体系，实现利益相关者可以随时了解学校的经营和治理情况，这些都为我国民办高校的治理提供了有力的借鉴。国外私立大学的内部权力机构设置和制衡机制，对我国一些民办高校的独裁式的决策体系提供了有力的借鉴和启发。

3. 实现行政与学术二元化治理

从国外私立大学的治理结构上看，实现行政权力与学术权力的二元化治理，成为重要的成功经验。国外的私立学校发展较为成熟，与我国相比，其教育市场一直处于相对自由完全的竞争环境。在这种竞争环境下，使得国外的私立高校深刻认识到：只有有力的增加教育产品质量，提高教育产品附加值，才能够增强教育产品对于消费者——学生的吸纳力，在市场竞争中获得生存和发展。这些都为国外私立大学实现行政与学术权力的二元化治理提供了重要的动机。因此，国外十分注重"教授治校"的重要性，并尽量避免"外行领导内行"的问题出现。如德国私立大学的校长必须由学术人员选举产生，校长提名的副校长交教师评议委员会进行表决。与我国的民办高校治理相比，行政权力对学术权力进行控制和领导，行政事务与学术事务相互交叉、混合，使得学术治理缺少独立性和规范性，严重阻碍了学术权力的行使，降低了学术和教学的效率。可以说，国外的行政与学术二元化治理体系，正是在完善的制度环境下运行的，是对自由教育市场经济带来的必然结果。

第7章 中国特色民办高校治理结构经济体系的建立

探析中国特色民办高校治理结构经济体系的建立，有必要在分析上述章节内容的基础上，提出民办高校治理结构的基本原则和基本构架，从内部治理和外部治理两个层面，提出完善民办高校治理结构的具体措施。

7.1 构建民办高校治理结构的基本原则

7.1.1 民办治理结构要实现经济资源配置效率的提高

从制度经济学的角度看，民办高校的治理要紧紧围绕着实现教育资源的优化配置，推进教育生产要素的整合和集中化发展，提高教育产品的专业化程度。民办高校治理结构优化的目标，要坚持在保证民办高校组织内部各类交易主体的完整性与相关制度的效率上。要通过民办高校治理，推进产权的明晰界定，全面降低交易成本，建立良好的价格机制，通过有效的约束与激励机制，推进民办高校教育产品的有效供给。

7.1.2　民办高校合理的治理结构应当体现教育公益性

民办高校具有"经济人"的基本属性，但是并不意味着民办高校就可以忽视教育公共服务的基本属性。因此，在民办高校治理结构的完善过程中，必须将公益性与营利性进行有机的结合。民办教育的公益性是指教育能为受教育者（及其直系亲属）之外的其他社会成员带来经济的和非经济的收益。我国《教育法》《民办教育促进法》等相关法律都对民办教育事业的公益性进行了说明。要将民办教育的发展作为我国高等教育发展的重要补充，促进教育的均等化，为社会成员提供更多的教育机会，输出更多的教育产品作为重要的学校治理目标。结合当前中央对于高等教育发展和改革的要求，推进高等教育改革，发挥民办高校办学体制灵活、办学特色突出的特点，加强各类教育产品的开发，促进全社会教育事业和教育产业的发展。

7.1.3　民办高校合理的治理结构应当适合办学模式

当前我国民办高校存在着：个人独资办学、股份合作办学、民营企业投资办学、公私合作办学、公办高校转制、社会团体办学等多样化的办学模式，这就要求民办高校的治理不能够一概而论，不能搞"一刀切"，而应该与办学模式相结合，适应民办高校的人办学模式要求。总体上看，民办高校的"个人独资办学、股份合作办学、民营企业投资办学、公私合作办学、公办高校转制、社会团体办学等多样化的办学模式"可以根据所有制划分成两大类,一类是私有制,另一类是混合所有制。对于私有制的民办高校,要将治理的重点放在产权的界定、收益权的保护,及委托—代理关系的稳定上;对于混合所有制民办高校,要将治理重点放在行政与学术权力的二元划分、利益分配机制等方面。

7.1.4 民办高校合理的治理结构应当有利于持续健康发展

民办高校合理的治理结构应当有利于实现学校的持续健康发展。所谓的可持续发展,就是指民办高校在治理过程中必须树立正确的发展观念,积极的处理好投资办学与捐资办学的关系、处理好寻利性与公益性的矛盾关系、处理好短期利益与长远发展的关系。当前,国家出台了许多政策文件扶持民办教育的发展,并且在民办高校的审批、创办、投资等领域不断放开管制,说明当前全社会对于民办教育产品的需要较为迫切。民办高校要利用好中央政策契机,利用教育产品开拓创新,大力推进民办教育发展。

7.2 构建民办高校治理结构基本构架

民办高校的治理结构包括外部治理和内部治理两个方面。其中,内部治理主要为建立产权制度、决策机制、执行机制、监督机制;外部治理主要为政府层面提供制度支持、社会层面创设良好的配套环境、学校层面加强治理的动力。民办高校治理结构基本框架如图 7 - 1 所示。

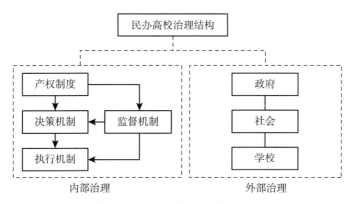

图 7 - 1　民办高校治理结构框架

在内部治理结构方面，第一，要建立独立明晰的产权制度。根据制度经济学的产权界定理论，要进一步明确民办高校产权归属主体，尊重产权界定的相对性、渐进性、多样性，解决好民办高校产权作为公共资产的"公地悲剧"。进一步明确产权所有者的权利、义务，使产权真正起到激励作用。第二，建立利益相关者广泛参与的决策机制。在民办高校的决策权设置中，要充分的发挥好广大教师、学生、家长及社会的共同治理作用，消除董事会的专权，实现对决策权的约束，形成内外结合、多方参与、程序科学、运行高效的决策体系。第三，建立高效的执行机制。建立健全董事会领导下的校长负责制，借鉴职业经理人的聘用模式，构建畅通的信息沟通渠道，消除委托—代理中的信息不对称问题。推进组织机构的扁平化设置，实现董事会、监事会、职工代表大会下，高效的管理层控制体系。第四，建立有效的监督制度。基于民办高校的"经济人"属性，无论是委托人还是代理人都是将利益最大化作为目标，因此必须加强对权力的监督。

在外部治理结构方面，首先，政府要为民办高校的治理提供制度支持，推进依法治教进程，加强民办教育法制建设；构建公私伙伴关系，完善民办教育公共政策；提升公共服务能力，深化教育管理体制改革。其次，在社会层面要完善生产要素市场，优化民办高等教育资源配置；健全教育中介组织，推动民办高校内涵建设；改善人文舆论环境，促进民办教育健康发展。最后，在学校层面要确立组织使命，明确治理方向；完善法人章程，规范治理行为。

7.3　内部结构治理

7.3.1　完善民办高校的产权制度和治理机制

1. 产权制度

要以教育资源的合理配置和提高资源的利用效率为导向，建立合理的产权制度。针对当前我国民办高校产权不明、归属不清，而导致权利义务不对称的问题，要通过产权制度的明确，实现教育资源配置效率的全面提高。应坚持"谁投资，谁拥有产权，谁拥有收益权"的前提进行产权制度的设置，推进教育产业公益性和经济性的统一。

一是落实民办高校的产权主体的责、权、利。要在充分认识到教育产权与企业产权差异性的基础上，尊重民办高校产权的强制性和排他性，对民办高校的产权进行明确。利用产权的界定实现交易费用的降低，构建对所有者、经营者及所有利益相关者的激励和约束机制。借鉴国外的成功经验，将"教育所有权"从民办高校的财产权中相分离，使不同的责任主体的责、权、利相互独立。利用产权的独立性，推进教育资源要素的整合，促进民办高校所有者和经营者加强教育产品的创新。

二是落实民办高校的收益权。谢作诗教授曾指出"市场经济是契约经济"。民办教育作为契约经济的重要，不但需要其为社会输出教育产品和服务，更需要通过契约的方式建立其举办者和投资者的收益权。应赋予投资者回收投资效益的权利。只有使投资者拥有资金的收益权，才能够促进投资者和经营者办好民办教育的积极性，实现民办教育的改革和提升。民办高校的举办者和投资者的回报方式要力求公开、透明、合理，使得不同的收益主体间形成均衡的制度约束力，消除民办高校办学者的回报顾虑，引导更多的社会资本进入民办教育领域。

三是推进"所有权、产权、经营权"的制衡。建立以"所有权—法人财产权—经营权"模式为中心，民办高校的"决策权、执行权、监督权""三权分立、相互制衡"的制度，使责权更加明晰，每个主体都能够对高校的经营行为进行参与，各主体间相互制衡，从而通过高校治理的改造实现企业的价值最大化，增强核心竞争力。对"产权"进行细分化，要进一步增强股东代表大会的职能。进一步加强教育代表大会、理事会（董事会）、监事会、管理层的"三会一层"结构治理，对民办高校进行"现代企业制度"改造。从体制上形成新的约束力，形成学校治理合力。

2. 决策机制

有效的决策机制是民办高校治理的重要内容，只有推进决策机制的公开、高效，才能够实现治理结构的优化。对于民办高校而言，实现科学决策、民主决策，其重点在于加强董事会的建设。

一是加强董事会的选举。民办高校董事会产生于股东大会，是为广大股东和利益相关者负责的常设机制，执行民办高校的集体决议。要借鉴美国、日本发达国家私立大学在董事会选举中的成功经验，除举办者、投资者外，更广泛的将普通教师、职工、学生代表、家长及其他利益相关者纳入董事会人员范畴，实现董事会人员组成的优化。

二是在决策中保证每个股东和普通员工法定的知情权。明确和细化董事会的职能职责和权力范畴，董事会应完全独立于管理层，两者不能存在人员交叉，以保障职能的正常行使。要加强对民办高校的董事长的约束，解决董事会"一权独大"的现象，实行董事会议事制度，有效防止"所有者缺位"和"内部人"控制问题。

三是进一步明确董事会职责范围。要并重民办高校投资者理性"经济人"的属性，从董事会"能干什么"的角度来着手，对董事会进行规范，而不是董事会"不能干什么"。形成受到广大利益相关者监督的科学的权力架构。使得民办高校董事会的重大事项的决定中能够兼顾到学校的所有利益相关者，而不是仅仅是小部分大股东。

四是建立董事会科学的议事规程。加强民办高校决策权与执行权的有效分离，对董事会的议事内容、流程、范围进行严格的规范，使董事会的决策权既不"越位"，又不"缺位"，并且能够及时"到位"。

3. 执行机制

民办高校的管理层是其重要的执行机构，校长负责制是当前民办高校主要的决策执行机制。在民办高校治理过程中，有必要全面增强管理层的执行力，从管理层的选拔、监督、权力制衡等方面着手。

首先，推进民办高校校长队伍职业化。民办高校的执行是管理层重要的工作内容，是实现民办高校教育产品输出的关系。因此，有必要借鉴"职业经理人"制度构建民办高校的"职业校长"机制。要加强校长的选拔，对选拔信息进行公开，推进校长的职业培训，实行职业资格制度，提高校长的职业能力。

其次，建立健全民办高校校长激励与约束机制。是在委托—代理条件下，解决委托人与代理人信息不对称的重要手段，对于民办高校的投资者来说，需要代理人（校长）发挥最大的效用，消除代理人利用信息不对称进行"逆向选择"的问题。因此，要在加强管理层行为信息公开的基础上，明确管理层的收益权，使其能够通过自己的努力，得到相应的报酬。要加强民办高校管理层（校长）绩效考核制度建设，完善民办高校管理层（校长）薪酬制度方案，结合绩效考核方案的改进，推进薪酬分配与绩效考核的衔接，真正地实现民办高校管理层（校长）薪酬的"按贡献分配、按劳分配、按工作业绩、能力、态度分配"。

最后，建立"行政权力"与"学术权力"二元体系。借鉴美国、英国"教授治校"的"教授评议会"成功经验，参与学校的日常管理活动。在民办高校治理中，解决好"外行领导内行"的问题，在关注经济效益的同时更加重视民办高校的社会效益。加强民办高校的学术型力量培育，增加研究型中层干部在管理层中的比重，全面提升教育产品竞争力，优化教育产品和服务产出。

4. 监督机制

加强民办高校监督机制建设，发挥好监事会、股东代表大会、教师代表大会及其他利益相关者对董事会的决策行为和管理层的执行行为进行有效的监督。

第一，发挥监事会的监督功能。虽然当前我国《民办教育促进法》《民办教育促进法实施条例》等法规条例都没有对监事会的设立进行硬性规定，但借鉴国外私立大学的治理经验，笔者认为要加快设立独立的监督机构。监事会对民办高校的董事会和高级管理层的监督要由传统的"事后监督"转变为"事前、事中、事前"的"全覆盖"，参与学校的管理。做到事前、事中、事后监督，通过强力的监督堵塞漏洞。要把监事会的监督渗透到民办高校的每个部门、每个环节，覆盖涉及民办高校教育、经营活动的所有岗位。监事会下设办公室，抓好教育业务流和资金流，对民办高校年度计划的执行、调整、考核、责任的落实进行全方位多角度的监控，及时修正监督过程中出现的问题，使监督工作更具成效。

第二，发展民办高校股东代表大会和教育代表大会的监督作用。要改变当前民办高校股东代表大会和教师代表大会"形同虚设"、结构不健全、监督无力的问题，防止股东代表大会和教师代表大会被民办高校董事会所操纵控制，使民办高校股东代表大会和教师代表大会能够真正地代表股东和其他利益相关者行使权力。要确保股东代表大会和教师代表大会对董事会和监事会的工作报告、学校年度财务的预（决）算方案、利润分配方案和亏损弥补方案的审议权；对民办高校的中长期发展规划、年度发展计划、学校基础设施建设、重大投资决策、人事任免、组织机构设置等方面进行监督；全面确立股东代表大会在民办高校治理中的权威地位，有效的缓解监督能力弱化的现象。

第三，强化其他利益相关者的监督作用。民办高校在治理结构中，除了投资者与经营者的委托代理关系外，其公众委托不但将所有权人作为委托人，更将接受教育的社会公众作为委托人，形成了社会公众与民办教育机构的委托—代理行为。因此，除了监事会、股东、教师外，还应将更广泛的利益相关者纳入对民办高校决策层和管理层的监督范围。适度加强民办高校的政府监督和社会监督，加强民办教育的行业监管和新闻媒体披露，使其能够履行应尽的社会责任，满足全社会作为代理人的权益。

第四，加强民办高校的信息公开与披露制度。建立民办高校的信息披露与公开机制，推进民办高校的财务、人事、重点工程项目建设、教育质量等方面内容进行及时地向利益相关者进行公开。利用重要信息公开缓解广大利益相关者、决策层、管理层、监督层各方面的"信息不对称"问题。

7.3.2　完善民办高校治理结构的关键问题

推进民办高校的治理结构优化，是民办高校制度变迁的重要体现。在当前国家进一步放开教育领域的民间资本投资，推动多元化的投融资体制改革，鼓励高校进行技能型、实用型人才培养的背景下，都为民办高校的结构治理制度变迁和创新提供了动力。民办高校要积极克服"路径依赖"问题，从制度的根源着手，对治理结构进行完善，处理好以下问题：

1. 处理好投资办学与捐资办学的关系

当前，我国民办高校的举办方式主要为投资办学，民办高校的举办方式主要有：个人独资办学、股份合作办学、民营企业投资办学等形式，而民办公助型、社会捐资办学型等办学类型较少。在民办高校治理中，有必要充分区分其捐资与投资办学的属性。对民办高校的产权进行严格的界定，对不同办学形式的占有权、使用权、收益权进行区分。我国《民办教育促进法》第三条规定："民办教育事业属于公益性事业，是社会主义教育事业的组成部分，国家鼓励捐资办学"。但是当前捐资办学的民办高校可谓是凤毛麟角。从我国民办高校发展伊始的"捐资办学"为主体演变到当前的"投资办学"，是我国市场经济制度发展的必然结果。在未来民办教育的发展中，更多的私有企业、财团、社会团体参与民办教育也是一种大趋势。

2. 处理好寻利性与公益性的矛盾关系

针对当前民办高校沦为"公地悲剧"的问题，要全面处理好寻利和公益性的关系。充分认识到寻利性是资本的重要属性，也是民办高校作为"经济人"的重要体现。在民办教育产业中，资本的流动逐利是一个双赢的过程，资本的输出和利用大多都是以营利作为重要目标。然而这些并不是就说明，民办高校可以完全注重资本的寻利性，不断的规模化扩张来占有生源，获得更多的经济收益，而完全不顾及教育产品的质量和水平。甚至在寻利性的满足过程中，在外部治理制度不健全的情况下，不断地通过教育质量的"偷工减料"来降低教育产品的"生产成本"，实现利润的增加。社会主义制度是我国的国家基本性质，教育的重要效用就是要实现为社会培养更多适合社会需求的人才，这些都使得公益性是民办教育在资本寻利的基础上的重要办学标准，其公益性是理性集体人的人性特征。在民办高校的结构治理过程中，过度注重其寻利性，则会使民办高校在办学中面临着市场失灵与劣币驱逐良币的危机；而过度限度其寻利性，注重民办高校的公益性，又容易使其做出"逆向选择"，影响其在办学中对教育要素资源配置效率，阻碍其进行高质量的教育产品产出。

3. 处理好短期利益与长远发展的关系

在民办高校公司结构治理中，要处理好短期利益与长远发展的关系。所谓的可持续发展，就是指民办高校在治理过程中必须树立正确的发展观念。当前，国家出台了许多政策文件扶持民办教育的发展，并且在民办高校的审批、创办、投资等领域不断放开管制，说明当前全社会对于民办教育产品的需要较为迫切。民办高校要利用好中央政策契机，利用教育产品开拓创新，大力推进民办教育发展。但是这并不代表民办教育的开展可以"一拥而上"，而必须将其为社会提供更优质的教育产品服务作为首要发展要素，摒弃传统民办高校发展中的"短视化"现状，促进民办高校的长远发展。

7.4　外部结构治理

民办高校治理需要内部与外部的协同，在内部加强产权界定和决策、执行、监督机制建设的同时，需要政府、社会、学校形成外部治理的合力，才能够保障民办高校的治理质量。

7.4.1　政府层面：提供制度支持

从国外的私立大学结构治理的成功经验可以看出，国家层面对于私立大学的法制和公共政策支持是外部结构治理的重要组成。

1. 推进依法治教进程，加强民办教育法制建设

法律是制度的重要组成，我国民办教育的发展依赖于良好的法律环境，因此有必要推进依法治教进程，全力加强民办教育的法制建设。

首先，法律要保护投资者的合法利益。民办高校法律的制定要

将投资者的合法权益作为立法、司法的重要标准。保护民办高校投资者的产权，明确产权界定，使得投资人对投资的办学财产拥有明确的所有权、占有权、使用权。在法律的制定中，应完善民办高校的准入、退出机制，使民办高校投资者可以自由对学校进行资产重组，促进产权、资产的流动。在法律的制定过程中，同时也要保障民办高校资产构成中社会捐资助学与国家投入部分产权的独立性，在社会投资者退出时，不能使其将其他产权的所属教育资源进行侵占。增强法律法规的针对性与可操作性。摒弃以简单的"政策性文件"代替法规的做法，将投资办学、资本收益、营利性和公益性的划分纳入《中华人民共和国民办教育促进法》《中华人民共和国民办教育促进法实施条例》《教育部关于鼓励和引导民间资金进入教育领域促进民办教育健康发展的实施意见》等相关法律、条例中，而不是以单个文件的形式存在，尽量避免出现所谓的收益权"合理收入""扶持与奖励"等含糊不清的词语，而要确定具体的内容，使其能够不折不扣的真正得到执行，全面推进民办教育的法制化进程。

其次，探索实行民办学校法人分类管理制度。针对当前个人独资办学、股份合作办学、民营企业投资办学、民办公助型、社会捐资办学等不同类型的办学形式，实现民办学校法人的有效分类。在《中华人民共和国民办教育促进法》《中华人民共和国民办教育促进法实施条例》《教育部关于鼓励和引导民间资金进入教育领域促进民办教育健康发展的实施意见》等法律、条例、意见中，对不同类型的办学形式的投资者进行分类，使得不同的办学主体都能够在办学中受到法律的保护。

最后，在《民办教育促进法》的基础上制定《私立学校法》。借鉴国外对于私有产权的保护成功经验，出台专门面向社会资本投资民办学校的法律。从法律上保障民办高校的产权界定、契约签订、学历认可、人才输出、师资建设等内容。不但要对民办高校的定位、任务、责任进行规定，同时也要对一些具体任务的执行办法、保障措施加以细化规定，增强法律的可操作性。使得民办高校的治理做到有"有法可依"，加强法律监督，做到"执法必严""违法必究"，详细阐述违法行为将受到如何制裁，增强法律的可执行效力。

2. 构建公私伙伴关系，完善民办教育公共政策

在中国特色的社会主义的制度背景下，民办高校不可能脱离我国基本的市场经济制度，必然需要在营利性基础上兼顾公益性。而近年来，我国对民办教育所持的鼓励态度，其出发点也更多为利用民办教育办学体制灵活的优势，弥补公办教育的不足。根据"政府失灵"与"市场失灵"理论，完全的公有制条件下，会由于"提供公共物品时趋向于浪费和滥用资源"出现政府失灵；而完全私有制条件下，又会由于"不完全市场竞争使得垄断、外部性、信息不完全的存在，价格机制的调节乏力"，现出市场失灵。因此，有必要在民办高校发展中，建立公私伙伴关系。从而实现民办高校教育产品供给的最大化。

一是促进民办高校经济效益与社会效益的均衡。在市场条件下，"经济效益"和"社会效益"是民办高校与政府的永恒话题，因此要实现民办教育健康发展，就必须建立一种政府、民办高校间进行合理的利益分配的机制。从政府的角度看，民办教育为社会培养各行业人才，为社会输出教育产品和教育服务，为提高国民素质做出了贡献；从民办高校角度看，通过办学实现相应的经济效益是重要的目标。因此，有必要通过"契约制度"的建立，本着资源共享、优势互补的原则推进政府公有资本与私有资本的合作，使政府、民办高校形成利益的共同体，共同推动民办教育发展。

二是做好行政法规和部门规章的修订和完善，增强法规的执行

力。为了推动民办教育的发展，我国许多省级政府都出台了促进民办教育发展的《意见》。如江苏省政府 2010 年出台了《进一步促进民办教育发展的意见》、福建省人民政府 2012 年出台了《关于进一步支持和规范民办高等教育发展的若干意见》、广东省人民政府 2013 年出台了《关于促进民办教育规范特色发展意见》、河南省人民政府 2015 年出台了《河南省关于加快推进民办教育发展的意见》、甘肃省政府 2016 年出台了《甘肃省人民政府关于加快民办教育发展的意见（试行）》。而从现行的这些《意见》中可以看出，虽然这些条例对民办教育发展起到了较为重要的指导作用，但是缺少具体的执行措施。因此，笔者认为，更进一步完善这些《意见》的可执行性和可操作性，应进一步探索出台省级层面的《落实方案》。

借鉴英国、日本等国家的私立大学发展中，政府通过"拨款委员会""评级"的方式对其进行资金补贴的成功经验。加强对民办高校财政资金补贴支持。2015 年 2 月 26 日，国务院总理李克强在国务院常务会议上提出："要引导和推进普通高校向应用技术型高校转型"。笔者认为，有必要结合国家对于技能型、实用型人才培养的大方向，设立民办教育产业引导基金，强化政府对于民办教育发展的产业引导和宏观调控作用；加强民办高校的土地、税收政策支持，对民办高校的土地性质变更、土地功能规模的修订、税收减免等方面给予扶持；加强民办高校学术研究、科研课题、学历认证、人才输出标准等方面的政府支持；最终使得政府促进民办教育的发展政策能够落到实处。

三是发挥政府的引导作用使民办高校共享更多公共资源。虽然民办高校本身就是作为一种公共资源存在，长期以来民办高校服务于社会、为社会提供人才支持，但是由于民办高校资源的局限性，使其无法在发展中发挥最大效用。因此，政府在民办高校的发展中，有必要充当民办高校与更多公共资源的"连接"作用，发挥政府在公共资源占有方面的优势，为民办高校提供更多的社会公共资源。可通过由政府购买教育服务的方式，给予民办高校更多地参与社会服务的机会，在转移就业人员的再就业培训、科技示范基地、可持续发展试验区等建设方面，给予民办学校与公办学校平等的竞争和参与机会。与普通的公办高校相比，民办高校规模小、教育资源有限、市场竞争能力不强，因此有必要采取合纵连横、区域合作的模式，进一步探索整合、共享民办高校与公办高校间的教育资源，优化教育市场化要素。推进民办高校与普通公办高校间的资源共享，加强"学历延续、学分互认、人才交流"，搭建民办高校与公办高校进行合作的平台。鼓励、引导、吸引以民办学校为主的社会资本参与普通公办高校的办学合作，共同举办独立学院、实验实训基地等建设，发挥民智、集中民资、民力，提高教育经济效益与社会效益。引导民办高校积极加强与国外私立大学办学合作，走国际化合作之路，探索打造全球化的高等教育集团，全面提高民办高等教育的核心竞争力。

3. 提升公共服务能力，深化教育管理体制改革

政府要将传统的民办教育管理转变为对民办教育的服务，树立对民办教育的服务意识，深化民办教育管理体制改革。

一是全面落实民办高校的办学自主权。促进民办高校的自主办学、自主发展、自主完善，在政府的引导下，构建更加取向于完全竞争的市场环境。政府对民办教育发展的管理要不断向服务转变。我国《民办教育促进法》第五条对民办高校的自主办学进行了规定："民办学校与公办学校具有同等的法律地位，民办高校的办学自主办学权应受到保障。"政府要将立足于提供民办高校的服务，在民办学校的办学投资、市场准入等政策给予支持的基础上，对民办高校的自主招生、学科、课程设置、人才培养模式、学术成果评

价、毕业结业等方面给予其最大的自由权限，使民办高校发挥市场主体作用，自行决定自己的办学活动。充分发挥市场在民办高校经济活动中的决定性作用，使其能够在与公办普通高等学校竞争的过程中，发挥自己的办学、学科、人才输出等特色优势，使办学的自主权产生更大的边际效益。

二是加强民办高校的规划和布局。政府结合地区的区域经济发展，特色产业对民办教育的发展进行差异化定位。加强民办高等教育的规划，政府要进一步加强民办高校规划布局的"顶层设计"。国家层面和教育主管部门要增强对民办教育的重视程度，借鉴美国、德国等发达国家在私立大学发展中的成功经验，加强民办教育的分类指导，赋予民办教育在国民教育体系中更高地位。解决好各地民办教育要么"一哄而上"，要么"集体退出"的两个极端的问题，使每个民办高校都有自身的特色定位，深入挖掘校本特色资源，服务于地方经济发展。

三是构建更加公平的市场竞争环境。对于市场主体来说，完全自由的市场环境是不存在的，而不完全市场竞争则容易加剧垄断、外部性、信息不完全性，使得最终价格机制的调节失灵。因此，作为政府来说，要加强民办高校的外部制度环境建设，就必须构建更加公平的市场竞争环境。使民办高校间、民办高校与公办高校间，能够公开公平的开展竞争，通过市场竞争激发治理结构的活力和动力。

7.4.2　社会层面：创设配套环境

社会环境是民办高校外部治理结构的重要组成，要为民办高校创设完善的配套社会环境，才能够全面增强其治理效果。因此，要积极对当前的民办教育社会制度环境进行改进，使得教育资源、财

产、产权、交易、价格能够有效地流动，提高这些要素的配置
效能。

1. 完善生产要素市场，优化民办高等教育资源配置

从经济学的角度来看，生产要素的完善性是加强民办高校资源
配置的重要前提。民办高校发展过程中的资本、技术、人才等要素
优化组合，将促进其治理结构的完善。

首先，建立健全民办教育产权市场。为民办教育产权交易提供
更大的平台和空间，有利于更合理利用教育资源，增强民办教育的
产权保护意识。就如美国经济学家舒尔茨曾指出的："利用产权界
定与交易，可以使得市场主体形成更有效的经济尺度衡量。"优质
的高等教育产品是一种社会稀缺资源，要利用产权的交易，培养民
办高等教育的"可度量性"，促进民办高等教育资源配置及其效率
的提高。更有效的平衡好市场机制、政府机制和志愿机制的关系，
使得产权的交易在资源流转中发挥重要的作用，充分发挥教育市场
在资源配置中的决定性作用。要以我国《民办教育促进法》的要
求，实现民办高校在重组、合并、分立过程中，加强价值评估、资
产交割与产权的界定。通过产权的交易，使民办高校更容易吸引更
多的优质资本，引入新的有实力的市场主体进入民办高等教育领
域，有效的分化股权，促进结构治理结合的优化，发挥好社会资本
参与民办教育的积极性。

其次，构建完善的民办教育资本市场。2016 年 7 月 18 日，中
共中央、国务院出台的《关于深化投融资体制改革的意见》明确提
出要进一步推进简政放权、放管结合、优化服务改革，促进更多的
社会资本进入社会事业领域。因此有必要通过教育资本市场的完
善，实现更加宽松的资本准入、交易、退出环境。推进民办高校通
过重组、并购、上市等方式进行资本流转，利用资本流转为引导平

衡好教育产品服务产出总量与质量的关系。加强民办高校的投资、融资、运营、利润分配、股东分红、信息公开等方面的财务管理，通过间接融资、直接融资、产权转换、组合等多种方式，全面推进教育产业、教育产品、教育市场结构的改进，全面提高产权和资本流转的质量。

2. 健全教育中介组织，推动民办高校内涵建设

从国外的私立大学的外部治理可以看出，有力的中介组织参与，是实现其外部治理结构完善的重要动力。

首先，加强教育中介组织参与民办高校治理的力度。发挥教育中介组织在资源、技术、资金等要素方面的优势，推进民办高校治理的完善。加强教育中介组织参与民办高校信息披露、预算审批、科研学术、教育质量，让教育中介组织协调民办高校、用人企业与考生三者之间的关系，搭建各方的合作平台，最终成为民办教育输出高质量教育产品和服务的纽带，保障民办高校的营利性和公益性。在国家对技术型、实用型人才需求不断增加的形势下，作为"第三方"教育中介组织，应探索进入民办高校的教育质量评价，使得中介组织能够对民办高校治理中发挥更直接有效的指导作用。

其次，处理好中介组织与民办高校的关系。在民办高校的外部治理结构完善的过程中，不但要提高政府的重视程度，同时要发挥好社会组织的合作，实现政府行为和市场中介运作优势互补、相互借鉴，充分协调中介组织与民办高校的关系。使教育中介组织发挥好民办教育行业管理和监督的职能，让中介组织指导民办教育的结构治理活动。

3. 改善人文舆论环境，促进民办教育健康发展

亚制度是介于"制度"与"文化"之间的概念，是一种约定俗成，又受公众文化意识影响的社会行为规范。长期以来，由于民办高校的社会认可程度不高，使得人文舆论环境对于民办教育的发展无法提供有效的支撑。

民办教育价值认同的缺失是当前存在的突出问题。主要是由于民办高校在发展中，重点将放在学生招生数量上，但往往忽视民办高校的教育产品质量，这就造成了整个社会环境对民办高校的认知局限于"经济人"角色。整个社会公众对民办教育的轻视，也为民办高校的治理带来了严重的困难。对于民办高等学校来说，其科研与学术、教学水平、人才输出质量本身就不如普通公办高校，同时在办学特色方面又无法与职业学院和独立学院相比，这些都导致其社会认同程度低。加之随着普通高等教育的普及率不断提高，民办教育的地位被不断的弱化，甚至被其他教育形式所吞噬，办学热情不断下降。如教育主管部门很少将重要的国家级、省部级等科研课题给予民办高校。《民办教育促进法》指出："民办学历与公办学历有同等效力"，但是在实际执行过程中，往往不能得到用人单位一视同仁的重视，仍然存在着对民办教育的歧视。在企业应聘、公务员、事业单位招考过程中，民办学历被挡在门槛之外。

因此，必须通过人文环境的改进，塑造民办教育的特色品牌，提升民办教育的公信力。要从民办高校自身的教育产品"生产"和"供给"环节着手，提高教育质量，推进民办高校教育模式的"宽进严出"，使其学历更有"含金量"。突出民办教育与普通高校的差异性和教学资源的稀缺性，找准品牌的突破口，突出民办教育的个性化、实用化，最终通过"亚制度"环境的打造，实现

民办教育外部治理的良性循环。加强对民办教育的宣传，使人们了解民办教育的教育优势、就业前景等，全面提高成民办教育的地位和口碑。

7.4.3 学校层面：增强内源动力

1. 确立组织使命，明确治理方向

作为学校层面，要进一步明确民办高校发展的组织使命，确保其发展方向的正确性。民办高校的组织使命是高校教育生产要素的重要组成，有利于民办高校进行战略规划的制定，加强组织结构设计。民办高校的组织使命有助于优化教育生产方式，增强学校治理的凝聚力。由于民办高校具有非营利性，而作为具有非营利性组织，使命是保障其公益性的重要条件。使得民办高校有必要在年终损益基础上，对学校的公益性投入与产出进行规范。作为民办高校治理的内动力，组织使命是被组织全体人员认可和遵循的信念与价值观。构建人文型、开放型民办高校使命，把教育行业发展的价值观和民办高校的实际情况结合起来。要将民办高校的组织使命渗透到民办高校的发展目标、战略、日常管理的一切活动中，成为塑造民办高校形象，提高治理效能的重要平台。挖掘民办高校组织使命激励作用，培育导向式组织使命资源。利用民办高校组织使命，传播正确的价值理念。

2. 完善法人章程，规范治理行为

民办高校要加强法人《章程》的制定和执行，使学校的《章

程》成为履行契约的重要载体，及实践委托代理关系的重要平台。借鉴美国在私立大学治理中的"章程即是契约"的成功经验，将民办高校的"学校的办学目标、宗旨、战略目标；董事会的选举程序、人选资格、权利、职责、义务；财务公开、披露、审计等制度；学校组织机构的层级、幅度；校长的选举事宜；学术评议委员会的职责、权利、义务、工程内容、流程；第三方财务、学术、咨询、管理机构的合作方式、聘任方法；教授的晋升、绩效考核、职务评定、薪酬分配、学术规范、课题研究；学位的授予、评价；教师、学生的考核评价；课程计划、教学方案制定"等内容纳入《章程》中，并严格加以执行，全面增强民办高校的契约意识，增强民办高校的契约履行能力。

3. 提高边际效益，建立公共资源管理系统

要全面提高民办高校的边际效益，构建完善的公共资源管理系统。民办高校教育产品生产的边际效益，是其单位产品效益提升所带来的总效益的增量。社会投资者投资民办高校，由于人是有理性的经济人，一切生产活动都要求利润最大化。投资人都是有寻利动机的。资本的本性是寻利，而不论其所投入的产业是公益性还是营利性。投资者在办学中很少把投资民办高校、投资教育看作是公益性产品的生产。他们以追求利润为目的，根据市场经济的规律，寻求个体的利益最大化。公办高校投资民办高校，其也是出于利益的驱动，不完全出于教育的公益性，资本的寻利性也有所体现。对于"经济人"属性下的民办高校，虽然通过学校治理有助于提高经济效益，实现总收益的提高。但是民办高校作为一个经济主体，受边际效益递减原理的影响，要求其在营利性的基础上，必须更加注重公共资源管理，发挥民办高校的公益性功能。

第8章 完善民办高校治理结构 预期经济效益分析

在民办高校治理结构经济体系建立的基础上，有必要对其产生的预期经济效益进行分析。本章具体从民办高校的交易费用、利润、教育资源配置、规模化经济、产权与资本流转、教育产品供给侧等方面进行分析。

8.1 有利于民办高校降低交易费用

通过有效的民办高校治理，能够实现民办高校交易费用的降低。通过寻利性和公益性的平衡，产权的明确，以及内部的决策、执行、监督体系的建立，使得从民办高校的资产所有者和经营者，到委托人与代理人的关系均得到了理顺，促进治理结构中"委托—代理"链的优化。民办高校的治理以解决委托—代理问题，保护投资者权益为目标，以优化组织结构、建立权力制衡与激励机制为手段的制度性安排。通过有效的治理机制，处理投资者与经营者的权限分层，理顺董事会、监事会、管理层、教师职工代表大会间的关系，发挥好一切利益相关者的作用，参与高校治理。根据斯密在《国民财富的性质与原因研究》中对"交换"属性的分析，以及诺思对专业化程度与交易费用关联关系的研究，提出的专业化程度与交易费用关系理论，民办高校的治理正是学校专业化发展的重要途径。为了更形象的分析民办高校治理完善程度与交易费用的关系，可以通过图 8－1 来表示民办高校治理完善程度与交易费用的关系。

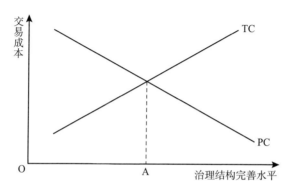

图 8－1　民办高校治理完善程度与交易费用的关系

从图 8－1 中可以看出，PC 为交易成本，TC 为治理结构的完善程度，当民办高校的治理力度不断加大时，结构治理带来的教育产品和服务产出费用的降低，高于引起的交易费用的上升，而当高校治理程度达到 A 点后，高校治理所带来的交易费用的上升已高于所带来教育产品和服务产出费用的降低。在推进高校结构治理之初，由于要改进现有的产权、决策、执行、监督制度，在组织结构、信息披露机制、收益分配等方面进行改革，使得在固有利益格局的阻碍下增加了交易成本，但是在结构治理体系理顺后，民办高校的治理将推动交易成本的有效降低。

8.2　有利于民办高校利润的最大化

经济人假设是制度经济学的重要前提，就如斯密所说，经济性和自营性是人的本性，追求自身利益的最大化是经济行为的重要目标。对"经济人"的假设，是目前西方主流经济学对于人性的假设，更是对于市场主体研究的重要出发点。从制度经济学的角度，无论是交易成本、产权理论还是契约、委托代理理论，都是以"经济人"假设作为基点。民办高校的治理结构的完善，使得民办高校的利润实现了最大化。

根据科斯（1965）、李怀（1999）、黄少安（2000）等学者对制度变迁理论的研究，民办高校治理结构的优化过程中其总成本和总收益呈现出递增的效果。民办高校治理结构所带来的制度的总体变化，所带来的总收益曲线 TR 一般位于总成本曲线 TC 的上方，总效益模型 TE = TR − TC。从图 8 − 2 中可以看出，E 点边际效益最后，F 点边际效益为零，但是在 F 点进行制度变迁和改革的效益最好，收益大于成本的额度最大。民办高校传统的治理结构，从外部治理结构看，存在着"公共产品"悖论、"公地悲剧"等现象，政府和社会对民办高校公益性的要求较高，对民办高校产权界定、收益分配等方面的制度并不健全；从内部治理结构看，存在着规模经济的盲目扩张与教育产品质量提升之间的矛盾，以及民办高校所有者与经营者在委托—代理机制之间信息不对称等问题。通过民办高校治理结构的改进，将实现传统民办高校制度的变迁。并且在当前，我国的教育环境发生着深刻的变化，随着公办学校、民办高校、网络远程教育、成人教育等多元化发展，民办高校在经营环境上面临着制度性的转型，在当前教育市场竞争日益激烈的形势下，推进民办高校的治理结构完善，有利于民办高校的教育产品生产产生最大的边际效益，有效地提高民办高校利润。

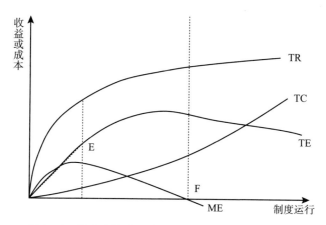

图 8-2　民办高校治理的制度成本和制度收益的变化

8.3　有利于民办高校教育资源的优化配置

经济学是在供给、需求的基础上，研究资源配置的学科。从制度经济学的角度看，民办高校的治理有利于实现教育资源的优化配置，推进教育生产要素的整合和集中化发展，提高教育产品的专业化程度。民办高校治理结构的完善的目标，重点在于保证民办高校组织内部各类交易主体的完整性与相关制度的效率。民办高校的内在运行机制对资源配置效率产生了积极的促进作用。

在中国特色民办高校治理结构经济体系的建立中，不仅需要高校自身从内部治理结构方面着手，处理好投资办学与捐资办学、资本的寻利性与公益性、短期利益与长远发展的关系，加强产权、决策、执行、监督等机制建设；更需要政府和社会层面提供制度、环境支持。在政府的引导下，推进民办高校的治理结构改进。基于民办高校的营利性与公益性，其教育产品具有混合型产品的特征。为了更形象的对民办高校治理结构资源配置效率进行验证和预期分析，民办高校治理结构的资源配置效率分析关系如图8－3所示。

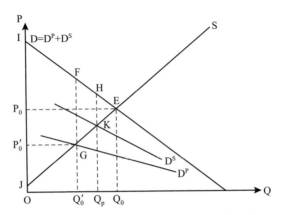

图8－3　民办高校治理结构的资源配置效率分析

　　在图8－3中，D为全社会对民办高校教育产品的需求曲线，全社会对民办高校教育产品的需求曲线是由民办高校教育产品内部收益的边际支付意愿曲线D^P和外溢性收益的边际成本支付意愿曲线D^S通过纵向叠加的形式形成的。对于全社会的教育产品需求而言，E为符合帕累托效率标准的"最优点"，最优状态下产生的全社会教育收益可用△EIJ的面积来表示。仅仅依靠民办高校的内部治理，能够有效的达到供给与需求的平衡点G，然而在民办高校的外部治理与内部治理的共同作用下，能够促进资源配置达到最优效果，实现△EIJ的面积的最大化。基于内部和外部共同的民办高校治理结构以及混合型的教育产品的提供方式，民办高校的治理结构完善，可以依托内外部教育产品生产要素的完善，达到帕累托最优的民办高校教育产品提供数量和质量，全面提高全社会教育收益水平。

8.4　有利于民办高校发展规模化经济

　　民办高校的规模经济具有教育要素投入的整体性及不可分割性，通过规模经济的发展，有助于促进教育生产的专业化。而民办高校治理的开展，有助于民办高校内涵式的"规模化"经济发展。一方面，针对当前民办高校过于注重生源的扩招与学校规模的扩大，而忽视了教育内在质量的提升问题。民办高校治理结构的改进，有利于解决好规划经济与高校公共资源管理间的矛盾。根据《国家中长期教育改革和发展规划纲要（2010－2020 年)》，民办高校作为高等教育和全社会终身学习体系的重要组成部分，应以提高全民族素质，促进经济和社会发展，作为发展民办教育的目标。民办高校治理结构的完善，使得民办高校在投入要素比例和价格不变的条件下，通过规模化实现教育产品生产要素的整合和集中。在保障公共资源管理质量的前提下，通过规模化经济的发展，从而使得通过边际成本的缩小，利用规模化的优势，实现平均成本的降低。

　　另一方面，利用民办高校治理作为平台，可以使民办高校更有效地找到规模经济的盈亏平衡点，有效的避免"规模不经济"的问题。在完全自由竞争的市场环境下，民办高校只有将经营和发展的重点放在教育产品质量的提升上，实现产品规格的统一化和标准化，才能够获得更高的附加值。在民办治理结构优化的前提下，民办高校的教育产品更加有利于服务于全社会教育体系的构建，服务于经济和社会发展。将传统的单纯"规模化"发展转变为内涵式的"规模化"的发展，推动民办高等教育改革创新步伐，最终实现民办高校教育效能的最大化，以民办高校教育产品质量的提升增强社会对民办教育的认可度，更加注重服务社会。实现"人人为我、我为人人"的民办教育市场经济发展环境，通过教育产品结构的转变、教育产品资源的整合、民办教育运作方式的改善，推进民办高校在教育市场竞争力的全面提升。

8.5 有利于民办高校产权与资本流转

民办高校的治理结构完善，有利于促进其产权和资本的流转。在完全界定民办高校的产权后，民办高校教育产品和服务的"准公共产品"属性建立在明晰的产权结构基础上。民办高校所有者财产的占有权、使用权、收益权和处置权更加明确，为产权和资本的流转提供了有利的条件。通过外部和内部治理结构的优化，将使得民办高校产权与资本流转相关的法律、法规更加健全，明确举办者的原始投入、资产以及民办高校在经营发展过程中的收益分配、财产归属界定；在尊重民办高校"经济人"的前提下，允许民办高校作为"准公共产品"获得合理的投资回报；对民办高校私有财产进行充分的保护。

利润的最大化和资本增值是民办高校作为"经济人"的重要发展目标，民办高校治理结构优化促进学校通过整合内部和外部的资源，推进生产要素的优化配置，使民办高校实现价值链的重新整合和构建。

首先，治理结构优化条件下的产权与资本流转有助于实现战略目标。民办高校的产权与资本流转是其战略层面的举措，也是民办高校治理结构完善的必然结果。相对于传统的民办高校招生规模扩大、教育产品生产方式改进、创新、就业市场拓展，通过产权和资本流转能够实现民办高校更高层次的发展。民办高校的产权和资本流转以资本保增值为重要目标，提高资本的利用效能，能够有效发挥资本的杠杆作用与乘数作用，使学校用最小的投入，获得最大的收益，并缓解了传统民办高校的资本、资源沉淀，盘活可以利用的各类资源。根据波特的企业核心竞争力"五力模型"，民办高校通过产权和资本流转能够全面优化在教育市场上的议价能力，实现教育活动的扩展和市场份额的提高，增强面对潜在进入者威胁过程中的竞争优势。

其次，治理结构优化条件下的产权与资本流转有利于处理好资本运作与教育产业经营的关系。对于民办学校来说，提供教育产品是学校经营的核心，也是全社会对教育市场的产品需求之体现。民办高校可以通过重组、并购、上市等方式进行产权和资本流转，并不是简单的线性叠加，而最终目标是实现其教育产品生产要素的优化和集聚，以产权和资本流转为引导平衡好教育产品服务产出总量与质量的关系。以民办高校的优化资本结构为先导，以资本结构促进教育产业、教育产品、教育市场结构的改进，全面提高产权和资本流转的质量。

最后，治理结构优化条件下的产权与资本流转有利于提高资本运作效率。通过间接融资、直接融资、产权转换、组合等多种方式，结合学校的自身主营业务——教育产品输出要求，根据民办高校的定位，使学校能够实现资本的理性运营、适度运营、审慎运营，实现投资效益的整体提升。通过产权和资本流转，实现学校的教育技术创新与教育产业做大做强，积极进行学科设置、优质课程开发、提高人才培养水平。产权和资本流转过程中，有助于实现民办高校财务效益的最优化。全面统筹好投资、融资、运营、利润分配、股东分红、信息公开等方面的财务管理，对产权和资本流转情况进行全程化、动态化关注，提高企业的财务状况。

8.6　有利于民办高校的供给侧改革

供给侧改革是经济制度变迁的重要表现，供给侧结构性改革旨在以生产函数的供给端为着力点，以提升要素生产率为导向，改变生产要素（劳动力、资本、资源等）的投入方式和投入结构，实现经济要素资源的最优配置，提高全要素生产效能。民办高校治理结构的完善有利于其供给侧改革。民办高校的供给侧改革，就是要从教育产品供给质量出发，通过改革的方式，进行教育产品的结构调整，矫正要素配置扭曲，实现供给的有效扩大。在当前我国"大众创业、万众创新"的经济发展和就业形势下，加快高等教育改革，提高高等教育人才培养质量，已成为我国教育发展的重要课题。

当前，从国家教育事业和教育产业规划布局层面上，以应用技术型为人才培养目标，加快本科院校转型发展已成为一种趋势。其主要背景是，我国长期以来学术理论型的本科人才培养较多，呈现出"产品过剩"的态势，大量的学术理论型本科人才无法充分的就业。但是，对于技术型、实践型人才培养的力度不够，高校为社会提供的教育产品结构不完善，也更加趋向于普通学术型本科教育资源的开发。因此，加快教育产业的供给侧结构性改革也是当前国家层面的要求。通过民办高校的治理结构优化，有利于促进市场在教育资源配置中发挥决定性作用的基础上，使民办高校的教育产品生产输出与国家要求、市场需求进行衔接，在民办高等教育改革过程中"轻装上阵"。对现有的"存量"教育产品生产要素进行调整，形成新的以技能型和实用型人才培养为前提的教育产出。进一步优化民办高校的产权结构、投融资结构、人才培养结构、课程开发结构，降低民办教育的交易成本，实现民办高等教育质量的全面提档升级。

第9章　研究结论与建议

　　民办高校是我国高等教育体系的重要组成，近年来随着我国经济体制改革的不断深化，在政策大力支持下，民办高校得到了飞速发展。近年来，为了规范民办高校的发展，国家相继出台了《中华人民共和国民办教育促进法》《中华人民共和国民办教育促进法实施条例》《教育部关于鼓励和引导民间资金进入教育领域促进民办教育健康发展的实施意见》等系列法律、法规、政策。尤其是党的十八届三中全会后，国家进一步鼓励民间资本进入教育领域，许多省、市都出台了促进民办教育发展的意见，民办高校获得了更大的发展平台。

　　积极发展民办高等教育事业，能够充分且有效地丰富和扩展我国现代高等教育事业的发展深度和发展广度，借由民办高等院校具体化组织开展的日常性在校学生群体教学培养工作，以及基础性科学研究实践工作，能够较为稳定且充分地为我国正在组织开展的经济社会建设发展实践工作，切实培养和输出数量充足的高素质专业应用人才，为我国经济社会建设发展事业的高效顺利且有序的历史推进，构筑和提供稳定且充足的支持保障条件。与此同时，积极发展民办高等教育事业，还能够较为充分且有效地调动和激发各类独立性社会经济主体，在具体参与基础性高等教育职业历史发展实践工作过程中的主观积极性和热情，在不断改善和丰厚现阶段我国高等教育事业历史发展过程中的资源要素供给状态丰富度背景之下，为我国现代高等教育事业的良好有序组织发展，创造和提供了扎实充分的实践性历史演化支持条件。

当前，重视高等教育的产业化发展，提高经营能力，已成为国家对高等教育改革的要求。对于高等学校来说，需要树立起经营意识和准产业意识，做好学校的经营，提高学校的投入与产出经济效益。但是与此同时，高等学校又不等同于企业的完全的营利性，不能完全走产业化道路，不能单独的追求经济效益的最大化，而必须兼顾社会效益，以人才培养和输出作为重要的目标。长期以来，由于受计划经济的影响，我国民办高校的治理结构仍然存在着许多体制性和制度性的障碍。民办高校发展中也存在着指导思想不明确、民办高校生存发展的空间萎缩、政策待遇尚未完全落实、行业管理混乱等问题。在学校治理方面，治理机制不规范，财务管理与内部控制不健全，利益相关者参与治理不足等现象较为突出。

民办高校的教育产品既可以满足受教育者的需求，又能够满足社会的需要，因此是一种共同存在于私人产品与公共产品的"准公共产品"。在对民办高校的准公共产品性质进行分析后，有必要对民办高校与企业的异同进行分析。民办高校与企业都是在一定的产权制度下进行经济活动的组织；民办高校与企业都是基本的经济单元，企业向社会提供物质类的产品与服务，而民办高校则向社会提供教育和精神类产品与服务；民办高校与企业都具有某种内部治理结构。民办高校与企业的差异性主要体现在利益的特定性。企业的利益主要体现在经济指标上，而民办高校的利益特定性主要体现在对资源进行有效配置的基础上，提供更多的社会教育公共产品。

因此，本书以制度经济学为研究视角，旨在对当前民办高校内部和外部治理结构中存在的问题进行探析，通过治理结构的完善，进一步提高民办高校的资源配置效率，更有效地提高和发挥民办高

校的经济学"效用"。不但解决好怎样提高民办高校经营管理效能
的问题，更要从制度经济学的角度解决好学校经营管理"是什么"
和"为什么"的问题，进一步丰富民办高校治理的学术理论研究成
果，为我国未来的民办教育发展及高等教育改革提供理论支撑。从
制度经济学的角度看，民办高校作为一种"经济组织"，制度的先
进性将使其能够提高全要素产出率，提高民办高校的产品附加值。
本书试图运用新制度经济学的分析框架，进一步验证民办高校的经
济人、产品和生产方式、制度变迁、产权、契约、委托—代理等假
说，从而更有效的对我国民办高校的制度性缺陷进行揭示，推进我
国民办高等教育改革。从外部治理与内部治理两个层面，对民办高
校治理结构进行研究，旨在进一步明晰民办高校产权与经营权，强
化民办高校的自主办学权，对不同治理主体的责权进行明确，为民
办高校治理制度的构建提供有力的实践指导。

　　通过本书的研究，得出以下验证、结论及建议。

9.1　假说的验证

9.1.1　民办高校的经济人假说验证

　　民办高校具有"经济人"的特征，体现为其逐利性的本质，体
现为民办高校对于经济利益的追求，着力实现成本最小化和效益最
大化。与公办高校的公益性属性相比，民办高校的营利性特点更加
明显，对于民办高校的治理结构起到基础性和决定性的作用。民办
高校是利己与利他性的综合体，体现为民办高校的营利性和"准公

共产品"特征。在当前不完全竞争市场环境下，民办高校具有有限理性和机会主义倾向，加强民办高校的内外部治理，有助于增强民办高校"经济人"的理性。

9.1.2 民办高校产品和生产方式假说验证

民办高校教育产品和服务具有消费的特殊性。在直接效用方面，民办高校的教育产品的提供具有竞争性和排他性；在间接效用方面，民办高校的教育产品的提供，使得受教育者为社会服务的效用不断放大，虽然教育产品和服务使得受教育者的能力和素质得到了提升，但与此同时民办高校的教育产品和服务也使得社会整体的文化素质得到了提高，促进了社会经济的发展，使得整个社会受益，因此民办高校产品供给的间接效用又具有非竞争性和非排他性，具有准公共产品的性质。

9.1.3 民办高校的制度变迁假说验证

当民办高校的"制度变迁的预期净收益超过预期的成本"时，发生制度的变迁成为一种潜在的趋势。制度的变迁是建立在公平与效率实现"帕累托最优"的基础上的。良好的制度能够进一步降低民办高校的交易成本、明确民办高校产权、形成投资者与经营者稳定的契约关系，促进高校办学效能的最大化。但是与此同时，民办高校的制度并不是一成不变的，而是随着外部条件的变化与时间的推移而发生着不断的适应性变化。当前，政府对民办高校的"制度供给"存在过剩现象，体现为"管的过严"，但扶持力度不足。受教育产品生产要素和与公办高校非公平竞争、对民办高校营利性认识不足等方面的影响，民办高校的内部"制度供给"存在不足的问题。

9.1.4　民办高校的产权假说验证

基于教育资源的稀缺性和交易成本的存在，使得民办高校成为产权的综合体。民办高校的产权包括其归属、占有、使用、收益等权利。通过产权的界定，能有效地解决民办高校的外部不经济问题，实现民办高校资源的有效配置。民办高校的产权归属特性，是其根本的特征，当前国家层面对于民办高校的产权界定不明晰，影响了民办高校发展的积极性，及举办人、投资人的投资热情。产权制度存在交叉、缺位时，直接影响到民办高校的治理效能。

9.1.5　民办高校的契约假说验证

民办高校的契约关系可以分为外部契约与内部契约两种关系。在外部契约方面，通过产权这一纽带，实现民办高校与社会系统间进行教育产品交易。这种外部契约关系，需要政府、社会加强对民办高校的支持，创设民办高校更良好的发展制度环境。因此，民办高校的治理主体不但包括投资者，更包括广大教职员工、学生等一切的利益相关者，以及有社会责任关系的教育行政主管部门等。在内部契约方面，民办高校存在投资者（举办者）与经营者的契约关系，双方有各自的权利和义务。

9.1.6 民办高校的委托—代理假说验证

不同的利益相关者的关系结构决定了民办高校治理结构。一方面，民办高校的举办者（投资者）与经营者在非对称信息交易中，构成了委托代理关系。民办高校治理的重要目标之一就是为了减小委托代理成本，提高高校所有权人的收益，减少代理成本；另一方面，民办高校具有社会公众委托的特性。民办高校的公众委托不但将所有权人作为委托人，更将接受教育的社会公众作为委托人，形成社会公众与民办教育机构的委托—代理行为。

9.2 研 究 结 论

（1）营利性、公益性是民办高校治理结构的前提条件；制度、系统、交叉是民办高校治理结构的基本属性；个人独资办学、股份合作办学、民营企业投资办学、公私合作办学、公办高校转制、社会团体办学等是常见的民办高校办学类型。在民办高校内部结构的治理方面，明确的产权、稳定的契约与委托—代理关系、利益相关者共同进行治理、信息披露是治理的重点；在外部结构治理方面，体现为良好的法律、法规、政策、教育体制、社会中介组织等方面。多年来，在国家高度重视与支持下，民办高校的结构治理取得了长足的进展，但是整体上看，当前民办高校治理结构仍然存在许多问题，主要体现在民办高校的制度设计缺陷上：一是政府的过度管理使民办高校丧失自主权；二是政策和法律保障缺失；三是民办高校的运行机制不完善。

（2）民办高校治理结构的制度环境的构成要素主要为：一方面是宏观制度要素。包括了国家相关法律法规的制定出台，相关民办高校治理政策措施的执行情况等，以及经济与社会发展的大环境。另一方面是微观制度要素。主要包括产权制度、决策、执行、监督等。民办高校治理结构的制度环境的运行机制主要为：一是宏观管理机制。包括政府的宏观管理机制、法律法规机制与市场与行业调节机制。二是微观运行机制。主要包括决策、执行、监督、激励等方面的运行机制。通过对英国、美国、日本、德国等国外私立大学的治理结构的成功经验进行借鉴发现：在外部治理结构方面，这些国家能够保障学校法人产权地位、重视法律法规的健全和完善、促进规范和扶持的有机结合；在内部治理结构方面：重视所有利益相关者共同治理、加强内部权力机构的协调与制衡、实现行政与学术二元化治理。

（3）我国民办高校治理结构的制度环境特性主要为：社会公众委托、产权归属、交易费用等特征。制度经济学视角下民办高校治理结构存在的问题主要为：一是产权理论下民办高校的关于"公共产品"的悖论，民办高校作为"准公共产品"的产权归属不清晰，民办高校作为"准公共产品"缺少合理的投资回报，民办高校作为"准公共产品"权利与义务的不匹配。二是边际效用理论与民办高校公共资源沦为"公地悲剧"，产权界定不合理引发的"公地悲剧"，边际效用不匹配引发的"价值悖论"。三是规模经济与高校公共资源管理的矛盾，民办高校较为注重生源的扩招与学校规模的扩大，而忽视了教育内在质量的提升，并且不考虑自己规模的临界值，使得在经营和结构治理中资源配置欠合理。四是代理机制不合理加剧了信息不对称，信息不对称导致代理人的道德风险、导致代理人的执行错误。制度经济学视角下民办高校治理结构存在问题的原因主要为：第一，民办高校治理主体的不同利益诉求影响了治理结构，主要为投资者与社会教育需要的矛盾、举办者和投资者在民办高校的长远发展与短期经济利益间的矛盾、所有者和管理层的产权与经营权间的矛盾；第二，投资办学的属性影响了民办高校治理结构；第三，政府政策制定的滞后影响了民办高校治理结构，说明长期以来，政府对民办教育的"管制"大于"扶持"；第四，相关法律法规的不健全影响了民办高校治理结构，对于民办高校的营利性和非营利性之间缺少明确的界定。

（4）完善民办高校治理结构预期经济效益为：一是有利于民办高校降低交易费用。通过寻利性和公益性的平衡，产权的明确，以及内部的决策、执行、监督体系的建立，使得从民办高校的资产所有者和经营者，到委托人与代理人的关系均得到了理顺，促进治理结构中"委托—代理"链的优化。二是有利于民办高校利润的最大化。通过民办高校治理结构的改进，将实现传统民办高校制度的变迁，有利于民办高校的教育产品生产产生最大的边际效益。三是有利于民办高校教育资源的优化配置。民办高校的治理有利于推进教育生产要素的整合和集中化发展，提高教育产品的专业化程度。依托内外部教育产品生产要素的完善，达到帕累托最优的民办高校教育产品提供数量和质量。四是有利于民办高校发展规模化经济。以民办高校治理作为平台，可使民办高校更有效的找到规模经济的盈亏平衡点，有效地避免"规模不经济"的问题。五是有利于民办高校产权与资本流转。民办高校所有者财产的占有权、使用权、收益权和处置权便加明确，明确举办者的原始投入资产以及民办高校在经营发展过程中的收益分配，允许民办高校作为"准公共产品"获得合理的投资回报。六是有利于民办高校的供给侧改革。通过民办高校的治理结构优化，有利于促进市场在教育资源配置中发挥决定性作用基础上，使民办高校的教育产品生产输出与国家要求、市场需求进行衔接，形成以技能型和实用型人才培养为前提的教育产出。进一步优化民办高校的产权结构、投融资结构、人才培养结构、课程开发结构，降低民办教育的交易成本，实现民办高等教育质量的全面提档升级。

9.3　研　究　建　议

（1）制度经济学理论指导下，构建民办高校治理结构的基本原则为：一是民办治理结构要实现经济资源配置效率的提高；二是民办高校合理的治理结构应当体现教育公益性；三是民办高校合理的治理结构应当适合办学模式；四是民办高校合理的治理结构应当有利于持续健康发展。

（2）在民办高校内部结构治理方面：一要完善产权制度。落实民办高校的产权主体的责、权、利，落实民办高校的收益权，推进"所有权、产权、经营权"的制衡。二要完善决策机制。加强董事会的选举，明确董事会职责范围，建立董事会科学的议事规程，在决策中保证每个股东和普通员工法定的知情权。三要完善执行机制。推进民办高校校长队伍职业化，建立健全民办高校校长激励与约束机制，建立"行政权力"与"学术权力"二元体系。四要完善监督机制。发挥监事会的监督功能，发展民办高校股东代表大会和教育代表大会的监督作用，强化其他利益相关者的监督作用，加强民办高校的信息公开与披露制度。从制度的创新着手，处理好投资办学与捐资办学的关系；处理好寻利性与公益性的矛盾关系；处理好短期利益与长远发展的关系。

（3）在民办高校外部结构治理方面：第一，政府层面要提供制度支持。一要推进依法治教进程，加强民办教育法制建设。保护投资者的合法利益，探索实行民办学校法人分类管理制度，在《民办教育促进法》的基础上制定《私立学校法》。二要构建公私伙伴关系，完善民办教育公共政策。促进民办高校经济效益与社会效益的均衡；做好行政法规和部门规章的修订和完善，增强法规的执行力；发挥政府的引导作用使民办高校共享更多公共资源。三要提升公共服务能力，深化教育管理体制改革。全面落实民办高校的办学自主权；加强民办高校的规划和布局；构建更加公平的市场竞争环境。第二，社会层面要创设配套环境。一要完善生产要素市场，优化民办高等教育资源配置。建立健全民办教育产权市场和资本市场。二要健全教育中介组织，推动民办高校内涵建设。加强教育中介组织参与民办高校治理的力度，处理好中介组织与民办高校的关系。三要改善人文舆论环境，促进民办教育健康发展。塑造民办教育的特色品牌，提升民办教育的公信力。第三，学校层面要增强结构治理的内源动力。一要确立组织使命，明确治理方向。二要完善法人章程，规范治理行为。三要提高边际效益，建立公共资源管理系统。

参 考 文 献

[1] 约翰·康芒斯著，赵睿译：《制度经济学（珍藏本）》，华夏出版社 2013 年版。

[2] 袁庆明：《新制度经济学》，复旦大学出版社 2013 年版。

[3] 程北南：《美国大学治理结构的经济学分析》，中国财政经济出版社 2009 年版。

[4] 马洪、孙尚清：《西方新制度经济学》，中国发展出版社 2003 年版。

[5] 张锟等：《中国特色现代大学制度创新——基于新制度经济学的研究》，人民出版社 2015 年版。

[6] 科斯：《企业、市场与法律》，上海三联书店 1990 年版。

[7] 科斯：《论生产的制度结构》，上海三联书店 1994 年版。

[8] 科斯、诺斯：《财产权利与制度变迁》，上海三联书店 1998 年版。

[9] 威廉姆森：《治理机制》，中国社会科学出版社 2001 年版。

[10] 张五常：《经济解释》，商务印书馆 2000 年版。

[11] 哈特：《企业、合同与财务结构》，上海三联出版社 1997 年版。

[12] 弗鲁博顿：《新制度经济学》，上海三联出版 2006 年版。

[13] R. H. 科斯：《社会成本问题》，法律与经济学杂志出版社 1960 年版。

[14] 哈罗德·德姆塞茨：《所有权、控制与企业》，经济科学出版社 1999 年版。

[15] 李建标、曹利群：《"诺思第二悖论"及其破解——制度变迁中交易费用范式的反思》，载于《财经研究》2003 年第 10 期，第 31 ~ 35 页。

[16] 张汉昌：《从"阿尔钦之迹"看教育产权制度的改革与创新》，载于《南阳师范学院学报》2007 年第 1 期，第 86 ~ 89 页。

[17] Y·巴泽尔：《产权的经济分析》，上海人民出版社 2000 年版。

[18] 姜建强：《阿尔钦 - 德姆塞茨之谜：一个交易费用解释》，载于《世界经济》2007 年第 2 期，第 60 ~ 66 页。

[19] 张蕴萍：《西方经济学的制度变迁理论述评》，载于《金融经济》（理论版）2007 年第 12 期，第 116 ~ 117 页。

[20] 约翰·E. 丘伯、泰力·M. 默、丘伯：《政治、市场和学校》，教育科学出版社 2003 年版。

[21] 约翰·E. 丘伯、泰力·M. 默、丘伯、榛、蒋衡：《政治、市场和学校》，教育科学出版社 2003 年版。

[22] 杰夫·惠迪：《教育中的放权与择校：学校、政府和市场》，教育科学出版社 2003 年版。

[23] 齐亮祖：《校长在管理改革中的行为选择》，载于《山西教育》（管理版）1995 年第 6 期，第 17 ~ 18 页。

[24] 张铁明：《教育产业论》，广东高等教育出版社 1998 年版。

[25] 厉以宁：《关于教育产品的性质和对教育经营的若干思考》，载于《教育科学研究》1999 年第 3 期，第 3 ~ 11 页。

[26] 靳希斌、任建华：《论学校经营》，载于《北京师范大学学报》（社会科学版）2002 年第 4 期，第 43 ~ 50 页。

[27] 黄崴：《公办高校法人治理结构及其建设》，载于《高等教育研究》2008 年第 8 期，第 45 ~ 52 页。

[28] 李福华：《利益相关者视野中大学的责任》，载于《高等教育研究》2007 年第 1 期，第 50 ~ 53 页。

[29] 朱益上：《论当前我国高校内部治理结构的失衡与对策》，

载于《湘潮月刊》2009 年第 8 期，第 28 ~ 29 页。

[30] 苗庆红：《公司治理结构在我国民办高校管理中的应用》，载于《经济经纬》2004 年第 6 期，第 139 ~ 142 页。

[31] 苗庆红：《民办高校治理结构的演变研究》，载于《中国高教研究》2005 年第 9 期，第 28 ~ 30 页。

[32] 王强：《民办高校法人治理结构中存在的问题研究》，载于《江西科技师范大学学报》2008 年第 4 期，第 50 ~ 53 页。

[33] 徐绪卿：《民办高校治理须紧紧抓住五个着力点》，载于《教育发展研究》2015 年第 9 期，第 12 ~ 13 页。

[34] 刘颂：《我国民办高校治理结构缺陷的内外成因分析》，载于《民办教育研究》2009 年第 1 期，第 19 ~ 22 页。

[35] 张世爱：《民办高校治理模式的价值导向及现实困境——以 S 省 B 学院为例》，载于《临沂大学学报》2016 年第 3 期，第 128 ~ 131 页。

[36] 赵宇宏：《我国民办高校董事会的特征及其功能优化》，载于《西部素质教育》2016 年第 23 期，第 37 页。

[37] 张宝贤、吴婷、陆易：《上市公司财务管理对民办本科高校监事会制度研究之启示》，载于《商业经济》2016 年第 12 期，第 87 ~ 88 页。

[38] 鞠光宇：《分类管理制度下民办高校的法人治理结构建构研究》，载于《高教探索》2017 年第 1 期，第 23 ~ 24 页。

[39] 隆兴荣：《威廉姆森交易成本经济学述评》，载于《商场现代化》2015 年第 7 期，第 274 页。

[40] 张振、张海波：《我国大学治理的研究热点及其知识基础的可视化分析——以 2001 - 2015 年 CSSCI 来源期刊载文为例》，载于《现代教育科学》2016 年第 9 期，第 118 ~ 124 页。

[41] 衣爱东：《新制度经济学的鼻祖——科斯》，载于《农场经济管理》2013 年第 12 期，第 59 页。

[42] 龙欢、王翠绒：《社会资本理论的争辩与整合》，载于《湖

南农业大学学报》（社会科学版）2016 年第 5 期，第 49~54 页。

[43] 马玎：《基于社会资本结构视角的协同创新测度研究》，载于《科技创业月刊》2015 年第 12 期，第 1~2 页。

[44] 张少平：《突破二元对立困境的社会资本理论研究——评林南的社会资本理论的理论视野》，载于《徐州工程学院学报》（社会科学版）2009 年第 5 期，第 5~9 页。

[45] 奥利弗·E. 威廉姆森、西德尼·G. 温特：《企业的性质》商务印书馆 2007 年版。

[46] 亚当·斯密著，谢宗林、李华夏译：《国富论（全译本)》，中央编译出版社 2010 年版。

[47] 刘元芳、栗红、任增元：《"经济人"假设与大学治理的思考》，载于《现代大学教育》2012 年第 2 期，第 40~44 页。

[48] 道格拉斯·C·诺斯：《经济史中的结构与变迁》，上海三联书店 2014 年版。

[49] 卢现祥：《西方新制度经济学》，中国发展出版社 2003 年版。

[50]《中华人民共和国民办教育促进法》，2016 年 11 月 7 日。

[51]《中华人民共和国民办教育促进法实施条例》，2004 年 4 月 1 日。

[52]《中共中央关于教育体制改革的决定》，1985 年 5 月 27 日。

[53] 国家教委：《关于社会力量办学的若干暂行规定》，1987 年 7 月 8 日。

[54] 中共中央、国务院印发：《中国教育改革和发展纲要》，1993 年 4 月 1 日。

[55] 国家教委：《民办高等学校设置暂行规定》，1993 年 8 月 17 日。

[56] 教育部：《关于规范并加强普通高校以新的机制和模式试办独立学院管理的若干意见》2003 年 4 月 15 日。

[57] 中共中央、国务院印发：《国家中长期人才发展规划纲要

（2010－2020 年）》，2010 年 6 月。

[58]《国务院关于鼓励社会力量兴办教育促进民办教育健康发展的若干意见》，2016 年 1 月 18 日。

[59] 教育部：《教育部关于全面提高高等教育质量的若干意见》，2012 年 3 月 16 日。

[60] 赵艳芹、宁丽新、朱翠兰：《西方公共产品理论述评》，载于《商业经济研究》2008 年第 28 期，第 70 页。

[61] 教育部：《2015 年全国教育事业发展统计公报》，2016 年 7 月 6 日。

[62] 凡勃仑、蔡受百：《有闲阶级论》，商务印书馆 1964 年版。

[63] 奥利弗·E. 威廉姆森、西德尼·G. 温特：《企业的性质》商务印书馆，2007 年版。

[64] 罗纳德·H. 科斯：《财产权利与制度变迁》，格致出版社 2014 年版。

[65] 霍秋芬：《诺斯视角下的交易成本和意识形态》，载于《邢台学院学报》2011 年第 1 期，第 185～186 页。

[66] 张学敏：《论教育供给中的政府失灵》，载于《高等教育研究》2004 年第 1 期，第 47～51 页。

[67] 宁本涛：《民办教育的产权制度与运行机制研究》北京师范大学博士学位论文，2001 年。

[68] 张力：《社会力量办学步入新的发展阶段》，载于《中国教育报》1998 年 8 月。

[69] 张维迎：《所有制、治理结构及委托—代理关系——兼评崔之元和周其仁的一些观点》，载于《经济研究》1999 年第 4 期。

[70] 克拉克·克尔：《大学的功用》，江西教育出版社 1993 年版。

[71] 吴志功：《现代大学组织结构设计》，北京师范大学出版社 1998 年版。

[72] 别敦荣：《中美大学学术管理》，华中理工大学出版社 2000 年版。

［73］张德祥：《高等学校学术权力与行政权力》，南京师范大学出版社 2002 年版。

［74］崔玉平：《高等教育制度创新的新制度经济学分析》，北京师范大学博士文，2002 年。

［75］曹淑江：《教育制度和教育组织的经济学分析》，北京师范大学出版社 2004 年版。

［76］高明华：《公司治理：理论演进与实证分析——兼论中国公司治理改革》经济科学出版社 2011 年版。

［77］哈特：《契约经济学》，经济科学出版社 1999 年版。

［78］郑登云：《中国高等教育史》，华东师范大学出版社 1994 年版。

［79］吴志功：《现代大学组织结构设计》，北京师范大学出版社 1998 年版。

［80］王全林：《学术自由与行政权力的双赢》，载于《教育发展研究》2005 年第 2 期。

［81］韩保君、韩晓东、李丽：《论我国高等教育资源的有效供给》，载于《西北大学学报》2003 年第 1 期。

［82］吴华：《社会力量办学的若干理论问题探讨》，载于《民办教育动态》2001 年第 1 期。

［83］史静寰：《当代美国教育》，社会科学文献出版社 2001 年版。

［84］袁衍喜：《当代美国教育改革与教育立法》，辽宁教育出版社 1992 年版。

［85］杨瑞龙、周业安：《交易费用与企业所有权分配合约的选择》，载于《经济研究》1998 年第 9 期。

［86］张学敏：《论教育供给中的政府失灵》，载于《高等教育研究》2004 年第 1 期。

［87］Yoram Barzel，"Measurement Cost and the Organization of Markets"，*Journal of Lauand Economics*，2007，（14）：141 –142.

［88］S Elwood, C Changchit, R Cutshall, "Investigating students' perceptions on laptop initiative in higher education: An extension of the technology acceptance model", *Campus – Wide Information Systems*, 2006, 23 (5): 336 – 349.

［89］Flexne, "Organizational Structure and Construction Strategy of Colleges and Universities Information Commons", *Library Work & Study*, 2012, 61 (3): 349 – 356.

［90］Dennis, "An Analysis of University Governance Structure", *China Soft Science*, 2007, 27 (1): 529 – 535.

［91］William, "Local Government behavior and principal-agent theory", International *Journal of Computer Mathematics*, 2004, 81 (6): 765 – 773.

［92］M Sirat, AR Ahmad, "University Governance Structure in Challenging Times: The Case of Malaysia's First APEX University (Universiti Sains Malaysia)", Palgrave Macmillan US, 2010: 89 – 90.

［93］Hechtd, "Construction of Modern University System and Internal Governance Structure Optimization", *Guide of Science & Education*, 2014, 28 (6): 365 – 371.

［94］M Bennett, J Kirby, S Ali, S Douglass, "Investigating the interaction between FOXP3 and CCR7 in the development of breast cancer metastasis", *Guide of Science & Education*, 2014, 28 (6): 365 – 371.

［95］T Simonyan, Y Knyazeva, "Diagnostics of technical university management system on the basis of modern management tools", *Brussels Economic Review*, 2015, 15 (1): 138 – 143.

［96］Steinberg, Matthew P. ｜ Allensworth, Elaine｜Johnson, David W. , "Student and Teacher Safety in Chicago Public Schools: The Roles of Community Context and School Social Organization", *Consortium on Chicago School Research*, 2011: 72.

［97］ Paul A. Samuelson, "The Pure Theory of Public Expenditure", *The Review of Economics and Statistics*, 1994, （04）: 387 – 389.

［98］ OE Williamson, "The Economic Institutions of Capitalism. Firms, Markets, Relational Contracting", *china social sciences Publishing House*, 1999, 32 （4）: 61 – 75.